Mona Dheini

Die Bedeutung der Unternehmenskultur bei Mergers & Acquisitions

igel
Verlag
RWS

Dheini, Mona: Die Bedeutung der Unternehmenskultur bei Mergers & Acquisitions, Hamburg, Igel Verlag RWS 2015

Buch-ISBN: 978-3-95485-269-7
PDF-eBook-ISBN: 978-3-95485-769-2
Druck/Herstellung: Igel Verlag RWS, Hamburg, 2015

Bibliografische Information der Deutschen Nationalbibliothek:
Die Deutsche Nationalbibliothek verzeichnet diese Publikation in der Deutschen Nationalbibliografie; detaillierte bibliografische Daten sind im Internet über http://dnb.d-nb.de abrufbar.

© Igel Verlag RWS, Imprint der Diplomica Verlag GmbH
Hermannstal 119k, 22119 Hamburg
http://www.diplomica.de, Hamburg 2015
Printed in Germany

Inhaltsverzeichnis

Die Bedeutung der Unternehmenskultur bei Mergers & Acquisitions

1. Einleitung

1.1 Ausgangslage und Zielsetzung

Wir sind es gewöhnt, uns ein Unternehmen als ein geschlossenes Gebilde bzw. Bürogebäude oder Fabrikanlage vorzustellen, in denen sich Mitarbeiter befinden und wo jeder für sich seiner Arbeit nachgeht.[1] Jedoch spielt sich in einem Unternehmen viel mehr als nur Arbeit ab, insbesondere wenn sich zwei Unternehmen zusammenschließen. Selten ist eine Thematik so spannend und faszinierend, wie wenn zwei Unternehmen, die vorher nie irgendwie miteinander in Berührung kamen oder sogar vorher ein starkes Konkurrenzverhältnis zu einander hatten, sich zu einem Unternehmenszusammenschluss entschließen.[2]

In der letzten Zeit haben Mergers & Acquisitions (M&A) immer mehr an Bedeutung erlangt und sind mittlerweile zu einem festen Bestandteil der Unternehmenspraxis geworden. Die Ursache liegt im immer stärker werdenden Wettbewerb angesichts der voranschreitenden Globalisierung. Schließlich kommt es durch M&A zu einer intensiveren Zusammenarbeit der Mitarbeiter und somit auch zu einer intensiven Begegnung unterschiedlicher Kulturen. Diese oft erzwungenen Begegnungen unterschiedlicher Kulturen können Konflikte auslösen, die die Aktivitäten im Unternehmen einschränken, blockieren und somit sich negativ auf den Erfolg auswirken.[3] Die häufigste Ursache für das Scheitern von Zusammenschlüssen sind folglich inkompatible Unternehmenskulturen, worauf die Erfolgsquote von M&A zurückzuführen ist, die weniger als 50% beträgt.[4] Die Problematik der Unternehmenskultur im M&A-Prozess ist, dass sie weniger planbar und berechenbar und zudem sehr langwierig ist. In der Praxis wird außerdem die kulturelle Zusammenführung von Unternehmen oft als unbedeutend angesehen und somit auf die kulturelle Integration der Mitarbeiter häufig verzichtet. Jedoch entstehen durch M&A-Prozesse oft gewaltige, grenzüberschreitende Unternehmen, die teilweise weltweit eine halbe Million Mitarbeiter beschäftigen. Als Beispiel kann hier die Megafusion, der

---

[1] Vgl. Picot, A./Reichwald R./Wigand R., (2003), S.2
[2] Vgl. Grube, A./Töpfer, A., (2002), S. 1
[3] Vgl. Stafflage, E., (2005), S. 1
[4] Vgl. Müller, M., (2007), Vorwort S.1

Automobilproduzenten Daimler-Benz und Chrysler im Jahr 1998 genannt werden, bei denen die kulturellen Schwierigkeiten gravierende Auswirkungen für die Mitarbeiter und somit für das ganze Unternehmen hatte.[5]

Ziel dieser Arbeit ist es, durch eine Analyse der kulturellen Aspekte einen tieferen Einblick in die komplexe Thematik von Mergers & Acquisitions zu verschaffen.

Es soll analysiert werden, zu welchen Schwierigkeiten bzw. Gefahren eine zu ausgeprägte oder zu schwache Unternehmenskultur und deren Vernachlässigung führen können. Des Weiteren soll diese Arbeit aufzeigen, wie im M&A-Prozess die Probleme der kulturellen Begegnungen erfasst und bearbeitet werden können. Zur bildlichen Verdeutlichung wird die Problematik mit Hilfe eines Praxisbeispiels dargestellt.

1.2 Gang der Arbeit

Im ersten Kapitel werden die theoretischen Grundlagen der Unternehmenskultur erläutert, um ein gewisses Grundverständnis über diese Thematik zu erlangen. Diese Grundlagen beinhalten zunächst eine ausführliche Erläuterung der Bedeutung, Entwicklung und des Aufbaus der Unternehmenskultur. Daran anschließend werden die Funktionen und Typologisierungsmöglichkeiten der Kultur im Unternehmen erklärt.

Im nachfolgenden Kapitel werden die allgemeinen Grundlagen von Mergers & Acquisitions eingehend erläutert. Es erfolgt eine Abgrenzung des Begriffes und der Ausprägungen sowie eine ausführliche Darstellung der Motive von M&A. Zudem werden im Allgemeinen, die einzelnen M&A-Phasen vor, während und nach einem Zusammenschluss dargestellt. Das vierte Kapitel beschreibt die kulturellen Konflikte, die durch das Aufeinandertreffen zweier Kulturen entstehen können. Als nächstes wird die Unternehmenskultur im Rahmen des M&A-Prozesses beschrieben und die damit verbundenen Schwierigkeiten in den einzelnen Phasen erläutert. Es werden mögliche Maßnahmen bzw. Instrumente veranschaulicht, um diesen kulturellen Schwierigkeiten zu entgehen. Hierzu zählt die Kulturanalyse, die anhand einer Cultural Due Diligence durchgeführt werden kann. Das nachfolgende Kapitel thematisiert Ansatzpunkte einer kulturellen

---

[5] Vgl.: Müller, M., (2007), Einführung S.1f

Integration bzw. Kulturveränderung. Es werden verschiedene zeitliche Aspekte der Integration, sowie die Integrationsformen und Strategien, die erforderlich sind, um die getrennten Unternehmen zusammenführen zu können, erörtert. Des Weiteren werden verschiedene Gestaltungsansätze zur Bewältigung kulturell bedingter Probleme anhand von Cultural-Fit-Modellen dargestellt.

Als Praxisbeispiel wurde die DaimlerChrysler AG gewählt, anhand dessen die Schwierigkeiten eines kulturellen Entwicklungsprozess dargestellt werden sollen. Die damit verbundene kulturelle Gestaltung und Integration im M&A-Prozess soll dadurch praxisnah vermittelt werden.

2. Allgemeine Grundlagen der Unternehmenskultur

Mit dieser Arbeit soll die Bedeutung unternehmenskultureller Aspekte für eine erfolgreiche M&A-Transaktion erklärt werden. Zunächst werden jedoch die Grundlagen bzw. die Entstehung der Unternehmenskultur erläutert.

2.1 Entstehung der Unternehmenskultur

Erste Ansätze der Unternehmenskultur findet man in der forschungsrelevanten Literatur bereits im 18. Jahrhundert. Der Begriff begann sich seit dem Zeitalter der Industrialisierung zu entwickeln.[6] In den damals entstehenden Fabriken wurde erstmals der Begriff "Esprit de Corps" erwähnt und wird als Kameradschaftsgeist[7] übersetzt, womit als zentrales Element hierbei eine "Verbrüderung der Arbeiter in den Manufakturen" gefördert werden sollte. Im 19. Jahrhundert entstand der Begriff der "Wirtschaftsstile", der auf einer ähnlichen Grundlage basiert wie der Begriff des „Esprit de Corps". Hierbei geht es um gemeinsame geistige Orientierungen und Verhaltensweisen von Menschen, die sich in einem Wirtschaftssystem befinden. Im Jahre 1951 hat Elliot Jaques in seinem Buch „The changing culture of a factory" den Kulturbegriff in die Betriebswirtschaftslehre eingeführt. Er fasst in diesem Buch die Kultur in einer Fabrik als die übliche und traditionelle Art des Denkens und Handelns im Unternehmen, wie sie in mehr oder weniger starkem Maße von allen Mitgliedern

---

[6] Vgl. Online in Internet: Rosenstiel, L., (2005) Unternehmenskultur.
[7] Vgl. Online in Internet: Deutsch-Englisch Wörterbuch.

akzeptiert werden. Die Entdeckung der Unternehmenskultur als erfolgversprechender Ansatz für die Managementlehre begann Anfang der 80er Jahre nach dem Erscheinen des Bestsellers „In search of exellence" (deutsch: "*Auf der Suche nach Spitzenleistungen"*) von Thomas J. Peters und Robert H. Waterman. Ausschlaggebend war der wirtschaftliche Erfolg japanischer Unternehmen auf dem Weltmarkt.[8] Der überaus erstaunliche Aufstieg der japanischen Wirtschaft sowie die äußerst erfolgreiche Etablierung auf dem amerikanischen Binnenmarkt hat die führende Weltmacht USA besonders tief getroffen und führte dazu, dass man anfing die gewohnten amerikanischen Managementmethoden zu hinterfragen.[9] Die amerikanischen Manager fragten sich, warum die japanischen Automobilhersteller den US-Unternehmen trotz ähnlicher Produktionsweisen so überlegen sind. Die Autoren stellten anhand umfangreicher Studien amerikanischer Unternehmen fest, dass es einen Zusammenhang zwischen der Kultur eines Unternehmens und seinem Erfolg im Markt besteht und dass somit die Überlegenheit japanischer Firmen gegenüber US-Unternehmen auf deren komparative Kulturvorteile zurückzuführen war.[10] In der Praxis wollte man durch den bewussten Aufbau und die Entwicklung der Unternehmenskultur den Fortbestand des Unternehmens trotz der wirtschaftlichen Verunsicherung und Bedrohung sicherstellen. Es bestand die Vermutung, dass eine solide Kultur im Unternehmen in Zeiten der Veränderung der Wertorientierungen den Mitarbeitern eine Richtlinie für gemeinsames Handeln geben kann, mit dem Ziel, das Unternehmen im Hinblick auf die starke nationale und internationale Konkurrenz, insbesondere auch vor den Bedrohungen aus dem pazifischen Raum, zu stärken.[11]

2.2 Begriff und Bedeutung der Unternehmenskultur

Unternehmenskultur ist ein überaus komplexes Thema, das sich nicht einfach durch Zahlen oder messbare Fakten erklären lässt. Bevor jedoch auf den Begriff

---

[8] Vgl. Online im Internet: Rosenstiel, L., (2005): Unternehmenskultur.
[9] Vgl. Dill, P., (1987), S. 1
[10] Vgl. Online im Internet: Nährlich, S.,(2008): Euphorie des Aufbruchs und Suche nach gesellschaftlicher Wirkung.
[11] Vgl. Online im Internet: Rosenstiel, L., (2005): Unternehmenskultur,

und die Bedeutung der Unternehmenskultur näher eingegangen wird, muss zunächst der Begriff der Kultur geklärt werden.

Die Definition des Kulturbegriffs erweist sich jedoch als problematisch, da bis zum heutigen Zeitpunkt über 250 verschiedene Definitionen von Kultur zusammengetragen wurden.[12] Der Kulturbegriff entstammt aus der Ethnologie und leitet sich aus dem lateinischen colere (= bebauen, pflegen, ehren) ab.[13] Nach Ajiferuke/Boddewyn existieren so viele verschiedene Begriffe von Kultur wie es Menschen gibt, die diesen Begriff verwenden.[14]

Der Begriff der Kultur kennzeichnet die geteilten Überzeugungen, Orientierungsmuster, Verhaltensregeln, Symbole usw., die eine Volksgruppe charakterisieren und sie von anderen Volksgruppen unterscheiden.[15] Die Managementforschung übernimmt diesen für Volksgruppen geltenden Kulturbegriff und überträgt ihn auf Unternehmen mit dem Hintergrund, dass für jedes Unternehmen eine eigene Kultur entsteht und somit eine eigenständige Kulturgemeinschaft verkörpert. Unternehmen erschaffen somit eigene charakteristische Orientierungsmuster, die das Verhalten der Mitarbeiter innerlich und äußerlich beeinflussen. Es werden nun einige Kerneigenschaften dargestellt, die mit dem Begriff der Unternehmenskultur in Zusammenhang stehen:

Implizit: Unternehmenskulturen werden gelebt, da ihre Orientierungsmuster, Verhaltensregeln und Denkhaltungen implizite, eigenständige Auffassungen darstellen, die auf den täglichen Handlungsweisen basieren. Die Basis der Unternehmenskultur beruht auf gefühlsmäßigen Beziehungen und ist demzufolge nicht bewusst erlernbar, sondern basiert hauptsächlich auf Praktiken, die beispielsweise einem neuen Unternehmensmitglied zeigen, wie man sich nach der kulturellen Tradition zu verhalten hat.[16]

Kollektiv: Unternehmenskultur entwickelt sich aus dem Kontakt und der Kommunikation der Unternehmensmitglieder. Es entstehen Grundsätze, Orientierungen, Vorgehensweisen, die stillschweigend vereinbart wurden. Unternehmenskultur ist also ein gemeinschaftliches Phänomen. Zu einer Kultur zu

---

[12] Vgl. Bolten, J., (1997), S. 471
[13] Vgl. Schawel, C., (2002), S. 36
[14] Vgl. Ajiferuke/Boddewyn (1970), in: Feichtinger, C., (1998) S. 18
[15] Vgl. Schreyögg, G./Dabitz, R., (1996), S. 2, in: Kluckhohn, F.R./Strodtbeck F.L.(1961)
[16] Vgl. Schreyögg, G./Dabitz, R., (1996), S. 2, in: Van Maanen, J./Schein, E.H., (1979)

gehören bedeutet, dass man sich in gewissen Punkten den Denk- und Handlungsweisen der anderen Mitglieder anpasst.

Historisch gewachsen: Unternehmenskultur resultiert aus den Lernprozessen, die im Umgang mit den Schwierigkeiten aus der eigenen Umgebung und der internen Koordination entstehen. Es bilden sich akzeptierte und nicht akzeptierte Methoden des Denkens, Fühlens und die Art und Weise Probleme zu lösen, sodass diese Orientierungs- und Denkmuster zur widerspruchslosen Grundlage der unternehmerischen Handlungsweise werden. Unternehmenskultur ist also sozusagen ein gemeinschaftlicher Wissensvorrat, der den Entwicklungsprozess eines Unternehmens darstellt. Die Lernprozesse deuten gleichzeitig darauf hin, dass Unternehmenskulturen nicht ausnahmslos statisch sind, sondern sich auch verändern können.

Symbolisch: Unternehmenskulturen basieren somit auch auf symbolischer Kommunikation, d.h. sie werden symbolisch über Bilder, Denkmuster, Erzählungen usw. weitergegeben.[17]

2.3 Aufbau der Unternehmenskultur

Der Organisationspsychologe Edgar Schein hat ein Unternehmenskulturmodell entwickelt, das einen Überblick über die Zusammensetzung bzw. den Entstehungsprozess der Unternehmenskultur verschafft. Nach dem **Drei-Ebenen-Modell von Schein** können die Elemente einer Kultur je nach ihrer Sichtbarkeit in drei verschiedenen Ebenen gegliedert werden. Auf der obersten Ebene des Modells befinden sich die bewusst sicht- und hörbaren **Artefakte**. Diese umfassen Elemente an der Kulturoberfläche, die in materielle (Gebäude, Büroeinrichtungen, Produkte, Technologien, Kleidung etc.; Artefakte i.e.S.) und in immaterielle (firmeneigene Sprache, Rituale, Umgangsformen, etc; Artekfakte i.w.S.) gegliedert werden können.

In der zweiten Ebene bzw. unterhalb der Sichtbarkeitsgrenze befinden sich die **Werte und Normen** eines Unternehmens, bestehend aus den ungeschriebenen Verhaltensstandards, Verboten und Maximen der Mitarbeiter. Eine gezielte Weitergabe und Weiterentwicklung dieser schwer fassbaren Wertvorstellungen,

---

[17] Vgl. Schreyögg, G./Dabitz, R., (1996) S.2f

Unternehmensphilosophien und Interpretationsmustern ist schwierig, da diese nur teilweise bewusst und sichtbar sind. Nach Edgar Schein könnte diese Ebene unterteilt werden in eine sichtbare, nach außen getragene Ebene, die diskutiert werden kann und andererseits als eine Ebene, die als so selbstverständlich empfunden werden kann, dass eine Diskussion darüber kaum möglich ist. Die letztere Ebene bezeichnet Schein als **Grundannahmen**, die die Basis für die Artefakte sowie die Werte und Normen darstellen. [18]

Auf dieser Ebene werden kulturelle Unterschiede zwischen den Unternehmen deutlich sichtbar. Es stellt sich die Frage, welche Erfolgsmaßstäbe ein Unternehmen hat, oder ob eine Streitkultur existiert ist oder ob Einigkeit zwischen den Mitarbeitern dominiert.[19] Diese Grundannahmen sind noch tiefer als die Komponente der zweiten Kulturebene im Unterbewusstsein verwurzelt und sind für die Mitarbeiter nicht sichtbar.[20] Beispiele hierfür sind die Einstellung zur gesellschaftlichen Verantwortung von Unternehmen oder die Akzeptanz feindlicher Übernahmen.[21]

2.4 Funktionen der Unternehmenskultur

Funktionen der Unternehmenskultur werden eingeteilt in **originäre** und **derivative** Funktionen. Originäre Funktionen resultieren direkt aus der Unternehmenskultur, was sie zu *unmittelbaren* Funktionen macht. Derivative Funktionen resultieren dagegen aus den originären Funktionen und sind daher *mittelbar* auf den Verhaltens- und Handlungswirkungen der Unternehmenskultur zurückzuführen.[22] Beachten sollte man jedoch, dass diese originären und derivativen Wirkungen nur bei stark ausgeprägten Unternehmenskulturen erscheinen. Bei schwachen Unternehmenskulturen tritt dieser Effekt nicht ein. [23]

---

[18] Vgl. Schein, E.H., (1995), S. 29 ff
[19] Vgl. Vogel, D.H., (2002), S. 260
[20] Vgl. Sathe, V., (1985), S. 10ff
[21] Vgl. Vogel, D.H., (2002), S. 261
[22] Vgl. Dill, P./Hügler, G., (1987), S. 146 ff; Dill, P., (1986), S.138 ff
[23] Vgl. Schreyögg, G., (1989), S. 99 ff

Originäre Funktionen

Die originären Funktionen der Unternehmenskultur entstehen primär aus dem Einfluss der allgemein gültigen, geteilten Werte und Normen und werden eingeteilt in Koordination, Integration und Motivation.[24]

Koordinierungsfunktion

Der enorme interne Koordinierungsbedarf zwischen Unternehmensmitgliedern kommt durch zunehmende Spezialisierung und Arbeitsteilung zustande und einer damit verbundenen Hierarchisierung. Grundsätzlich genügen zur Befriedigung von Koordinationsbedürfnissen keine formalen Strukturen, jedoch ist eine entsprechende Unternehmenskultur in der Lage, diese Mängel zu beseitigen bzw. diese formalen Strukturen teilweise zu ersetzen. Ein im Unternehmen vorhandenes Wert-, Normen- und Bedeutungsgefüge stellt somit sicher, dass es nicht zu extrem unterschiedlichen Mitarbeiterinteressen kommt.

Integrationsfunktion

Bei der Integrationsfunktion spielt nicht nur die Koordination der einzelnen Mitarbeiteraktivitäten und Unternehmenseinheiten eine Rolle, sondern auch die Integration diese Aktivitäten in ein Gesamtkonzept. Eine passende Unternehmenskultur bringt die Unternehmensmitglieder dazu, ihre Ziele im Sinne einer gemeinsamen, bedeutenden Angelegenheit zu stellen und somit den Vorrang der Gesamtkultur gegenüber den einzelnen Subkulturen zu tolerieren.

Motivationsfunktion

Die Motivation der einzelnen Unternehmensmitglieder durch die Unternehmenskultur führt dazu, dass anhand der gemeinsam geteilten Wert- und Normvorstellungen eine Identifikation des einzelnen Mitarbeiters mit dem Unternehmen entsteht und somit ein „Wir-Gefühl" geschaffen wird.[25]

---

[24] Vgl. Stafflage, E., (2005), S. 44
[25] Vgl. Schwarz, C., (2004), S. 211 ff.

Derivative Funktionen

Derivative Funktionen sind dadurch gekennzeichnet, dass sie im Gegensatz zu den originären Funktionen mittelbar aus den kulturellen Werten und Normen, die im Unternehmen existieren, abgeleitet werden können. Ihr Wirkungspotenzial liegt in den originären Funktionen bzw. sind von ihnen abhängig.[26]

2.5 Ausprägungen der Unternehmenskultur

2.5.1 Merkmale der Unternehmenskultur

Die Funktionen der Unternehmenskultur können wie bereits beschrieben hauptsächlich an so genannten „starken" Kulturen verzeichnet werden. Wie stark oder schwach eine Unternehmenskultur ist, kann man dabei vor allem an drei Merkmalen beurteilen, nämlich an ihrer *Prägnanz*, ihrem *Verbreitungsgrad* und ihrer *Verankerungstiefe*.

Eine starke Unternehmenskultur zeichnet sich dadurch aus, dass sie über eine große *Prägnanz* verfügt. Dies bedeutet, dass die Gesamtheit an Grundannahmen, Werten und Normen so eindeutig ausgeprägt ist, dass jeder einzelne Unternehmensangehörige sein Verhalten danach richten kann. Innerhalb des Unternehmens besteht zwischen den Mitgliedern eine klare Vorstellung darüber, was erwünscht und unerwünscht ist. Um ein solches genaues Orientierungsmuster bieten zu können, müssen Werte und Normen genau und ausführlich definiert sein, sodass sie in möglichst zahlreichen Situationen als richtungweisend und sinnvoll angesehen werden können. Besonders Erzählungen und Anekdoten können die Prägnanz der Kultur eines Unternehmens begünstigen. Ihre Pointen und Lehren dienen sozusagen als Orientierung für gegenwärtiges und zukünftiges Verhalten.[27] Der Kulturinhalt bzw. ob die Werte „kultiviert" oder „primitiv" sind ist spielt für die Beurteilung der Stärke keine Rolle, da dies eine Frage der Unternehmensethik ist, die nicht mit ihrer Kultur verwechselt werden sollte.[28]

Der **Verbreitungsgrad** beschreibt das Ausmaß bzw. wie viele die Kultur teilen. Damit ist gemeint, dass eine erhebliche Anzahl der Organisationsmitglieder – im

---

[26] Vgl. Rohloff, S., (1994), S.141-156
[27] Vgl. Schreyögg, G.: (1988), S. 370ff
[28] Vgl. Online im Internet: Breitfuß, G., (2001): Theorie der integrativen Supervision: Organisationskultur.

Extremfall sogar alle – sich von den kulturellen Grundannahmen der Unternehmenskultur leiten lassen. Starke Kulturen verfügen daher auch über einen hohen Umfang an Homogenität im Verhalten der Unternehmensmitglieder. In Unternehmen mit einem verhältnismäßig geringen Verbreitungsgrad herrscht eine schwache Unternehmenskultur. Hier kann es zu einer Bildung von Subkulturen kommen, was bedeutet, dass die Werte und Einstellungen der Mitarbeiter verschieden oder sogar gegenläufig sind.[29]

Die *Verankerungstiefe* kennzeichnet das Ausmaß, inwieweit kulturelle Vorgaben zur selbstverständlichen, alltäglichen Handlungsweise geworden sind. Genauer gesagt bedeutet dies, dass Werte und Normen der Unternehmenskultur nicht nur nach außen hin angenommen werden, sondern tiefgründig im Bewusstsein der Organisationsmitglieder verwachsen sind. Die Unternehmenskultur wird somit von den Unternehmensmitgliedern nicht nur oberflächlich, aus Konformismus, was ein Verhalten ist, das eine außerordentliche Anpassung an die geltenden Regeln darstellt, sondern aus innerer Überzeugung heraus gelebt wird.

Wie bereits viele empirische Analysen bewiesen haben, wird die Stärke oder Schwäche einer Unternehmenskultur hauptsächlich vom Ausmaß der Zusammenarbeit und auch von den gemeinsamen Erfahrungen der Organisationsmitglieder bestimmt. Über eine starke Unternehmenskultur verfügen besonders Unternehmen mit wenig Fluktuation, hoher interner Interaktionsintensität oder großem technologischem Vorsprung.[30] Abschließend kann man sagen, dass eine zu starke Unternehmenskultur auch zum Hindernis werden kann. Ein Kritikpunkt ist hierbei besonders, dass zu starke Kulturen zu einem Verlust an Flexibilität und Anpassungsfähigkeit führen können und somit notwendige Veränderungen der Unternehmenskultur vernachlässigt bzw. kaum möglich sind.[31]

2.5.2 Auswirkungen der Unternehmenskultur

Als nächstes werden die wesentlichen positiven und negativen Effekte starker Unternehmenskulturen zusammengefasst.

---

[29] Vgl. Schreyögg, G.: (1988), S. 370 ff.
[30] Vgl. Wilkins/Ouchi, (1983), S.473 ff.
[31] Vgl. Schreyögg, G., (1989), S. 99

Positive Effekte der Unternehmenskultur

Handlungsorientierung: Starke Unternehmenskulturen verschaffen den Mitarbeitern ein eindeutiges, komplexitätsreduziertes Weltbild, das heißt sie geben eine klare Hilfestellung zur Interpretation von Informationen. Starke Unternehmenskulturen erleichtern die Orientierung als auch das Treffen und Umsetzen von Entscheidungen und dienen somit als Basis für das tägliche Handeln. Besonders in Bereichen, wo es zu wenige Regelungen gibt, ist die Handlungsorientierung von enormer Wichtigkeit.

Reibungslose Kommunikation: Kommunikations- und Abstimmungsprozesse gestalten sich bei starken Unternehmenskulturen durch einheitliche Orientierungsmuster der Unternehmensmitglieder sehr viel unproblematischer und direkter. Starke Unternehmenskulturen verfügen über ein informelles Kommunikationsnetz, mit dem Informationen sehr viel schneller weitergegeben und sehr viel zuverlässiger interpretiert werden können.

Raschere Entscheidungsfindung: Gemeinsame Werte und Normen, eine gemeinsame Sprache und eine allseits akzeptierte Vision des Unternehmens sind ein wesentliches Kennzeichen starker Unternehmenskulturen. Diese führen zu einem schnelleren Übereinkommen in Entscheidungs- und Problemlösungsprozessen.

Zügige Implementierung: Getroffene Entscheidungen, Pläne und Projekte lassen sich schnell und effizient umsetzen, wenn sie sich auf eine breite Akzeptanz im Unternehmen stützen. Diese Akzeptanz ist normalerweise bei starken Unternehmenskulturen vorzufinden, jedoch nur, wenn die Entscheidungen, Pläne und Projekte auf gemeinsamen Überzeugungen innerhalb des Wertesystems der Unternehmenskultur beruhen.

Geringerer Kontrollaufwand: Durch die verinnerlichten Orientierungsmuster verfügen starke Unternehmenskulturen über einen beträchtlichen Hang zur Selbstkontrolle im Hinblick auf die Einhaltung der vorgegebenen Normen und Vorgaben.

Motivation und Teamgeist: Die Unternehmensmitglieder können sich an einer starken Unternehmenskultur mit klaren, gemeinsamen Werten und Regeln orientieren. Das damit verbundene „Wir-Gefühl" führt zu einer Steigerung der

Motivation und der Loyalität der Organisationsmitglieder gegenüber dem Unternehmen.

Stabilität: Eine starke Unternehmenskultur mit klaren gemeinsamen Orientierungsmuster reduzieren Angst und bringen soziale Sicherheit als auch Selbstbewusstsein. Die Fluktuations- und Fehlzeitenrate bleibt somit gering.[32]

Negative Effekte der Unternehmenskultur

Eine starke Unternehmenskultur verfügt jedoch auch über Risiken. Starke Kulturen entwickeln sich oft zu „geschlossenen Systemen", die sich nach außen abschotten. Veränderungen oder neue Ideen werden oft nicht wahrgenommen oder von vornherein abgelehnt. Dies betrifft besonders Veränderungen, die den bisherigen Werten und Normen widersprechen.[33] Die Veränderung traditioneller Orientierungsmuster erweist sich somit oft als Problem. Die Mitarbeiter empfinden Veränderungen bewährter Vorgehensweisen oft als Bedrohung, sodass es zum offenen oder versteckten Widerstand gegen Umsetzungs- oder Veränderungsmaßnahmen kommt. Starke Unternehmenskulturen können unter soliden Vorraussetzungen sehr produktiv sein, sollten sich jedoch diese Vorraussetzungen ändern, sind sie oft äußerst inflexibel und kaum anpassungsfähig. In diesem Fall kann das Fortbestehen eines Unternehmens in einer dynamischen Umwelt stark gefährdet werden.[34]

3. Grundlagen Mergers & Acquisitions

Ein Unternehmen hat in der Regel zwei Möglichkeiten, um zu wachsen. Entweder das Unternehmen wächst aus eigener Kraft, d.h. aus den Ressourcen des eigenen Unternehmens oder durch externes Wachstum durch den Zusammenschluss zweier Unternehmen.[35] Mergers & Acquisitions gehören zu den gängigsten Möglichkeiten, um extern zu wachsen und wird im folgenden Kapitel näher erläutert.

---

[32] Vgl. Steinmann/Schreyögg, (2000), S. 683 ff.
[33] Vgl. Scholz, (1988), S.243 ff.
[34] Vgl. Steinmann/Schreyögg, (2000), S. 640 ff.
[35] Vgl. Breitschuh, J./Wöller, T., (2007), S. 26

3.1 Begriff und Abgrenzung

Der aus dem angloamerikanischen Sprachraum stammende Begriff M&A (=engl. Kurzform für Mergers & Acquisitions) trat bereits am Ende des 19. Jahrhunderts im Rahmen der ersten Übernahmewelle (1895-1904) in den USA auf. Das Thema M&A fand in Deutschland durch die wissenschaftliche Forschung erst zu Beginn der 80er Jahre stärkere Beachtung. Im Schrifttum existieren für die Termini „Mergers" als auch für „Acquisitions" bisher keine allgemeingültigen Definitionen, darüber hinaus wird der Begriff in der Literatur als auch in der Praxis zumeist mit einer Fülle anderer Termini synonym als auch getrennt verwendet.[36] Der M&A-Begriff wird aus der Unternehmensperspektive, d. h. aus der Käufer- und Verkäufersicht wie folgt definiert:

„Das M&A-Management umfasst den Prozess und das Ergebnis des strategisch motivierten Kaufs bzw. Zusammenschlusses von Unternehmen oder Unternehmensteilen und deren anschließender Integration oder Weiterveräußerung. Damit verbunden ist eine Übertragung der Leitungs-, Kontroll- und Verfügungsbefugnisse."[37]

Im Laufe der Zeit ist eine Vielfalt an Begriffen entstanden, wie beispielsweise Strategische Allianzen, Joint Ventures, Kartelle, Konsortien, Konzerne, Interessengemeinschaften, Fusionen, Akquisitionen oder Merger. Im Schrifttum ist man sich jedoch darüber einig, dass der Begriff Unternehmenszusammenschluss als Oberbegriff dient, der diese Vielzahl an Zusammenschlüssen zusammenfasst.[38] Unternehmenszusammenschlüsse können gemäß der wirtschaftlichen Selbstständigkeit in Unternehmenskooperationen und Unternehmensverknüpfungen gegliedert werden. Eines der wichtigsten Unterscheidungsmerkmale ist, dass bei Unternehmenskooperationen nur die wirtschaftliche Selbstständigkeit der Unternehmen eingeschränkt wird und Unternehmensverknüpfungen diese ganz verlieren.[39]

---

[36] Vgl. Müller-Stevens, G., (1991), S.158 ff.; Gerpott, T.J., (1993), S. 18 ff.
[37] Vgl. Zitat Wirtz, B., (2003), S. 12
[38] Vgl. Möller W.-P., (1983), S. 13, Pausenberger E., (1989), 621 ff et al.
[39] Vgl. Wöhe, G., (2002), S. 303

Unternehmenskooperationen

Bei einem Unternehmenszusammenschluss in Form einer Kooperation handelt es sich um wirtschaftlich und rechtlich selbstständige Partner, die sich zusammenschließen mit dem Zweck, freiwillig ein gemeinsames Ziel zu erreichen bzw. in bestimmten Projekten zusammenzuarbeiten.[40] Bei einer Kooperation existiert in der Regel keine Kapitalbeteiligung, sodass ein freiwilliges und gegenseitiges Abhängigkeitsverhältnis entsteht und somit die Autonomie beider Unternehmen bestehen bleibt.[41] Mittlerweile hat sich eine Fülle an verschiedenen, institutionalisierten Kooperationsformen gebildet, die in **operative und strategische Kooperationen** eingeteilt werden können.

Zu den operativen Kooperationen gehören Kartelle, Konsortien, Wirtschaftsverbände und Interessengemeinschaften. Dagegen gehören zu den strategischen Kooperationen Joint Venture und Strategische Allianz. **Abbildung 1** soll einen zusammenhängenden Überblick über die Formen der Unternehmenszusammenschlüsse verschaffen:[42]

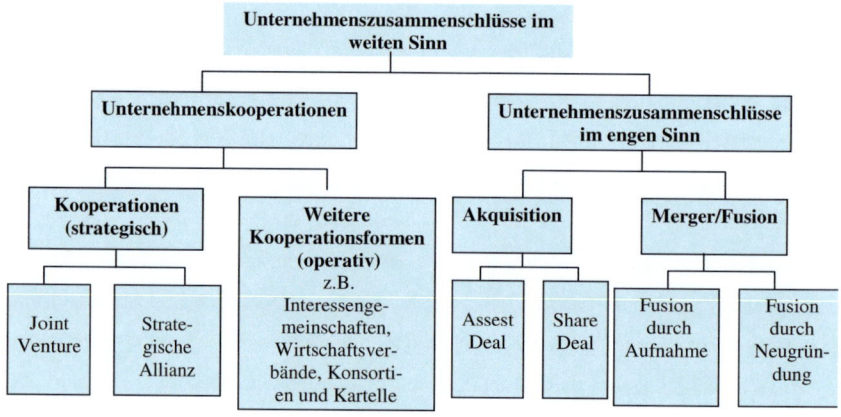

Abbildung 1: Formen von Unternehmenszusammenschlüssen.[43]

---

[40] Vgl. Balling, R., (1997), S 16
[41] Vgl. Kappler, E./Wegmann, M., (1985) S. 215
[42] Vgl. Pausenberger E., (1989), S. 623 f., Gerpott (1993), S. 37 f. et al.
[43] Vgl. Gerpott, T.J., (1993), S. 39; Pausenberger (1989), S. 625

Unternehmensverknüpfungen

Eine Unternehmensverknüpfung liegt vor, wenn mindestens eines der beteiligten Unternehmen seine wirtschaftliche Selbstständigkeit verliert. Des Weiteren können Akquisitionen und Fusionen (Merger) danach unterschieden werden, inwieweit die beteiligten Unternehmen nicht nur ihre wirtschaftliche, sondern auch ihre rechtliche Selbstständigkeit aufgeben. [44]

Die **Akquisition** von Unternehmen stellt den Erwerb von Eigentumsrechten durch ein anderes Unternehmen dar, bei dem das rechtlich selbstständige Akquisitionsobjekt seine Rechtspersönlichkeit mit dem Erwerb behält.[45] Das erworbene Unternehmen erhält damit seine rechtliche Selbstständigkeit unter einer neuen Eigentümerstruktur.[46] Eine Akquisition von Unternehmen kann dabei durch einen **Asset Deal (Vermögenserwerb)** oder einen **Share Deal (Beteiligungserwerb)** erfolgen. Der Asset Deal beinhaltet den Erwerb von einzelnen Wirtschaftsgütern in das Betriebsvermögen des Erwerbers, was somit einen Vermögenserwerb darstellt. Bei dieser Form der Akquisition werden alle Aktiva und Passiva des Kaufobjektes in der Bilanz des Käufers bilanziert. Dementsprechend liegt hier nach §433 I Satz 1 BGB ein Sachkauf vor, der dadurch gekennzeichnet ist, dass der vollständige Besitz bzw. das komplette Eigentum erworben wird.[47]

Der Share Deal bezeichnet Unternehmenskäufe, die die mehrheitliche Übernahme von Gesellschaftskapitalanteilen an einer Personen- oder Kapitalgesellschaft beinhalten.[48] Der Share Deal stellt außerdem nach §453 BGB einen Rechtskauf dar.[49] Die Einflussmacht erhält der neue Gesellschafter, der die Anteile erwirbt, jedoch bleibt der Träger des Unternehmens die Gesellschaft.[50]

Die zweite Form der Unternehmensverknüpfungen stellt neben der Akquisition die **Fusion** dar, bei der zwei Unternehmen wirtschaftlich und rechtlich vereinigt werden. Nachdem der Zusammenschluss vollzogen wurde, existiert demzufolge nur noch eine rechtliche Einheit.[51] Fusionen lassen sich außerdem nach dem Verlust der rechtlichen Selbstständigkeit aufteilen. Es wird unterschieden

---

[44] Vgl. Brast, C., (2006), S. 11
[45] Vgl. Gerpott, T.J., (1993), S. 22
[46] Vgl. Vogel, D.H., (2002), S. 9
[47] Vgl. Dabui, M., (1998), S. 12 ff.; Lucks, K.,/Meckl, R., (2002), S. 28
[48] Vgl. Gerpott, T.J., (1993), S. 27 ff.
[49] Vgl. Vogel, D.H., (2002), S. 10
[50] Vgl. Balz, U./Arlinghaus, O., (2007), S. 188
[51] Vgl. Wirtz, B., (2003), S. 16

zwischen **Fusion durch Aufnahme** und **Fusion durch Neugründung**. Bei einer Fusion durch Aufnahme trennt sich lediglich eines der Unternehmen von seiner rechtlichen Selbstständigkeit, welches in der Regel das erworbene Unternehmen ist. Ist dies der Fall, erfolgt eine Übertragung der Wirtschaftsgüter der übernommenen Gesellschaft auf die aufnehmende Gesellschaft (z.B. Hypobank und Vereinsbank zur HypoVereinsbank). Bei Fusionen durch Neugründung übertragen dagegen beide Gesellschaften ihr Vermögen auf ein neu gegründetes Unternehmen (Veba AG und Viag AG zur E.on AG).[52]

3.3 Ausprägungen von Mergers und Akquisitionen

Unternehmenszusammenschlüsse können nach der leistungswirtschaftlichen Ausrichtung in horizontale, vertikale und konglomerate Zusammenschlüsse unterteilt werden.[53]

Ein **horizontaler Zusammenschluss** ist eine Verbindung von Unternehmen, die auf dem gleichen Markt bzw. auf derselben Produktionsstufe tätig sind. Nach dem Bundeskartellamt werden diese Arten von Verbindungen in horizontale Zusammenschlüsse mit und ohne Produktausweitung eingeteilt.[54] Einen horizontalen Zusammenschluss ohne Produktausweitung kennzeichnet, dass das Produktprogramm nicht ausgeweitet wird. Während ein horizontaler Zusammenschluss mit Produktausweitung vorliegt, wenn die Unternehmen bei gleicher Produktionstechnologie auf benachbarten Märkten derselben Branche aktiv sind.[55] Horizontale Zusammenschlüsse werden mit dem primären Ziel gebildet, Marktmacht zu steigern und Synergien wie Economies of Scale und Economies of Scope zu realisieren.[56]

Als **vertikale Zusammenschlüsse** werden Unternehmen bezeichnet, die auf unterschiedlichen Produktionsstufen tätig sind. Hier handelt es sich um die Übernahme von Unternehmen auf einer vor- oder nachgelagerten Wertschöpfungsstufe. Üblicherweise handelt es sich dabei entweder um eine Rückwartsintegration, die einen Erwerb von Lieferanten beinhaltet, oder um eine

---

[52] Vgl. Gerpott, T.J., (1993), S. 36 f.; Dabui, M., (1998), S. 12 ff. et al.
[53] Vgl. Gerpott, T.J., (1993), S. 45 ff.
[54] Vgl. Pausenberger, E., (1989), S. 622
[55] Vgl. Forschungsinstitut für Rationalisierung (1999), S. 8
[56] Vgl. Gerpott, T.J., (1993), S. 78 ff.

Vorwärtsintegration, bei der Abnehmer erworben werden.[57] Vorrangige Motive dieser Unternehmenszusammenschlüsse sind bei einer Vorwärtsintegration die Absatzgestaltung durch den Produzenten und bei einer Rückwärtsintegration die Sicherung einer planmäßigen Belieferung mit wichtigen Gütern. Einen weiteren Nutzen stellen außerdem Kosten und Planungsvorteile durch eine Verbundproduktion und bessere Forschung und Entwicklung dar.[58]

Bei **heterogenen, diagonalen** oder auch **konglomeraten Zusammenschlüssen** handelt es sich um Unternehmensverknüpfungen von zwei Unternehmen, die in neue Produkt-Markt-Felder expandieren. Diese Unternehmen sind dabei in verschiedenen Geschäftsfeldern aktiv und stellen durch diese Vereinigung einen Konglomeratkonzern dar, wie z. B. die Oetker-Gruppe.[59] Die Ziele dieser Zusammenschlüsse beinhalten dabei hauptsächlich Diversifikations-Expansionsstrategien.[60]

3.4 Motive für Mergers und Acquisitions

Als nächstes soll erörtert werden, aus welchen Gründen ein Unternehmen einen solch aufwendigen Unternehmenszusammenschluss durchführt. Grundsätzliches Ziel von M&A ist die langfristige Wertsteigerung und die Sicherung des Unternehmens und kann somit als Form der strategischen Unternehmensentwicklung betrachtet werden.[61] Durch M&A soll einerseits die Wettbewerbsposition gegenüber Konkurrenten verbessert werden und andererseits eine nicht wettbewerbskonforme Erhöhung der Marktmacht als auch ein Prestigezuwachs der Unternehmensführung erreicht werden.[62] Stafflage unterscheidet hierbei zwei Hauptmotive: die **Geschwindigkeit wirtschaftlicher Veränderungen** und der **Zugang zu unternehmensspezifischen Vorteilen**.[63]

Das erste Hauptmotiv – die **Geschwindigkeit wirtschaftlicher Veränderungen** – bedeutet, dass Unternehmen durch M&A einfacher und schneller landesweit oder global expandieren können. Unternehmenszusammenschlüsse mit einem

---

[57] Vgl. Paprottka, S., (1996), S. 11 f.
[58] Vgl. Wirtz, B., (2003), S. 18
[59] Vgl. Pausenberger, E., (1989), S. 623; Forschungsinstitut für Rationalisierung (1999), S. 9 f.
[60] Vgl. Wirtz, B., (2003), S. 19
[61] Vgl. Jansen, S.A., (2001), S. 91
[62] Vgl. Bubik, M., (2005), S. 31
[63] Vgl. United Nations, (2000) S. 140

vorhandenen Unternehmen sind beim Eintritt in neue Märkte zeitlich gesehen von Vorteil, da diese bereits über ein bestehendes Distributionssystem verfügen und es somit nicht notwendig ist, aus eigener Kraft einen neuen Standort zu errichten. Die Unternehmen müssen somit aufgrund des hohen Konkurrenzdrucks und kurzlebiger Produktzyklen schnell auf veränderte wirtschaftliche Rahmenbedingungen reagieren. Das Motiv der Geschwindigkeit ist hierbei sowohl bei der Markterschließung als auch bei der Erlangung neuer Technologien von großer Bedeutung für M&A.[64]

Das zweite Motiv bildet den **Zugang zu unternehmensspezifischen Vorteilen**, da durch M&A Vermögensgegenstände erlangt werden können, die nicht auf dem Markt zugänglich sind und für die keine Zeit zur Entwicklung vorhanden ist. Diese Vermögensgegenstände sollen erlangt werden durch den Zugang zu Know-how – besonders in den Bereichen F&E und Technologie sowie Patente, Markennamen und Lizenzen etc. Diese zwei Hauptmotive befinden sich in Zusammenhang mit vielen anderen Motiven, durch die Unternehmenszusammenschlüsse von Nutzen sind, dazu gehören:

Um global konkurrenzfähig zu sein, ist besonders der **Eintritt in neue Märkte** und die **Verbesserung der Marktposition** von wesentlicher Bedeutung. Insbesondere durch horizontale Zusammenschlüsse ist die Möglichkeit gegeben, sich in oligopolistischen Märkten zu etablieren. Weitere Motive sind außerdem die enormen Transaktionskosten bei der Übernahme, besonders in Bezug auf immaterielle Vermögensgegenstände, wie beispielsweise den „good will", Patente und Warenzeichen. Bei Zusammenschlüssen mit global agierenden Unternehmen ist es sehr wichtig, dass die Untenehmen dadurch einen schnelleren und leichteren Zugang zu den regionalen Gegebenheiten des jeweiligen Standortes verfügen.[65]

Ein weiterer Grund für M&A ist die **Realisierung von Synergieeffekten**. Unter Synergien wird im Zusammenhang mit M&A die wirtschaftliche Vereinigung zweier Unternehmen bezeichnet, bei denen ein Wertzuwachs entsteht.[66]

Hierbei sollte der gesamte Wert des Unternehmens nach der Transaktion größer sein als die Summe der einzelnen Werte des Unternehmens. Synergieeffekte ergeben sich unter anderem durch den Zugang zu technologischem Know-how

---

[64] Vgl. United Nations, (2000) S. 140
[65] Vgl. Steinöcker, R., (1993), S. 41 f.; Kleinfeld, A., (2000), S. 83; United Nations, (2000) S. 143
[66] Vgl. Steinöcker, R., (1993), S. 42 f.

und neuen Technologien, Lern- und Erfahrungskurveneffekte und durch Verbesserung der Wettbewerbslage.[67]

Ein drittes Motiv ist die **Unternehmensgröße**, da oft erhebliche Kosten für F&E oder eine Kostendegression durch die Erzielung von economies of scale beabsichtigt werden. Das Unternehmen muss somit über eine bestimmte Mindestgröße verfügen, um eine kostensenkende Massenproduktion überhaupt durchführen zu können. Die Größe eines Unternehmens ermöglicht einen größeren Spielraum, um eventuell noch mehr Zusammenschlüsse durchzuführen und um sich somit vor feindlichen Übernahmen zu schützen.[68]

Ein weiteres Motiv für Akquisitionen ist die **Reduzierung des Risikos durch Produkt- und/oder Standortdiversifikation**. Durch den Zusammenschluss kann der Grad der Unsicherheit vermindert werden, da tarifäre (z.b. Zölle und Gebühren) und nicht-tarifäre (z.b. Einfuhrbeschränkungen) Handelshemmnisse vermieden werden können. Unternehmen fokussieren sich jedoch aufgrund der stärker werdenden internationalen Konkurrenz und der schnellen Technologieentwicklung immer stärker auf ihre Kernkompetenzen, wodurch das Motiv der Produkt-Diversifikation eindeutig an Gewicht abnimmt.[69]

Letztendlich ist oft die **Stärkung der beteiligten Managerpositionen** ein Grund für eine Übernahme, da dadurch der persönliche Einfluss, der Machtbereich sowie oft auch die Gehälter der einzelnen Manager erhöht werden können.[70]

Die hier aufgeführten Motive betreffen nicht nur inländische, sondern auch globale Zusammenschlüsse. Jedoch ist hier zu betonen, dass ein Zusammenschluss kaum durch nur ein einzelnes Motiv begründet wird, sondern durch eine Vielzahl simultan verfolgter Motive.[71]

3.5 Der Akquisitionsprozess

In der aktuellen M&A-Literatur findet sich eine Vielzahl verschiedener Darstellungen zum Ablauf des M&A-Prozesses. Der Ablauf wird in drei Phasen aufgeteilt; die Pre-Merger-Phase, die Merger-Phase und die Post-Merger-Phase.

---

[67] Vgl. Steinöcker, R., (1993), S. 42 f.
[68] Vgl. Meier, A./Spang, S., (2000), S. 7
[69] Vgl. United Nations, (2000) S. 144
[70] Vgl. Steinöcker, R., (1993), S. 41 f.; Kleinfeld, A., (2000), S. 83; United Nations, (2000) S. 143
[71] Vgl. Stafflage, E., (2005), S. 91f

3.5.1 Die Pre-Merger-Phase

In der Pre-Merger-Phase, auch Analyse- und Konzeptionsphase genannt, stellt sich zunächst die Frage, **„ob"**, **„wann"** und **„wie"** ein Zusammenschluss durchgeführt werden soll. Bei der Beantwortung der Frage nach dem *„ob"* geht es insbesondere um die Bestimmung der Unternehmensziele und ob bzw. welche dieser Ziele durch einen Zusammenschluss erreicht werden sollen oder ob das Unternehmen aus eigener Kraft wachsen soll. Die Frage nach dem *„wann"* ist abhängig von der Erfordernis, das Stammgeschäft zu stärken, von der unternehmensspezifischen Strategie sowie von der Finanzierbarkeit der potenziellen Übernahme. Bei der Bestimmung des *„wie"* wird die mögliche Art des Zusammenschlusses geprüft. Es muss entschieden werden, ob die strategischen Ziele durch eine Akquisition, eine Fusion oder durch eine Kooperation erreicht werden sollen. Die möglichen Zielunternehmen müssen dabei mit ihren Ressourcen und Know-how für die Realisierung der eigenen Übernahme-Strategie geeignet sein. Anhand dieser Feststellungen werden die passenden Übernahmeobjekte bestimmt und die nächsten Phasen ermittelt. [72]

3.5.2 Die Merger-Phase

In der Merger-Phase, auch Transaktionsphase genannt, konkretisieren sich die Vorstellungen über den Übernahmekandidaten. Die beteiligten Unternehmen können aus den Informationen der ersten Verhandlung herausfinden, ob die strategischen Ziele denen des Unternehmens entsprechen, ob Synergien realisierbar sind und ob die Preisvorstellungen der Vertragspartner ungefähr übereinstimmen. Um eine Analyse des Unternehmens durchführen zu können, wird der Zugang zu internen Informationen des Zielobjektes festgelegt. Diese Informationen werden benötigt, um das aufgestellte Anforderungsprofil zu untersuchen und den Kaufpreis als auch weitere Unternehmensgegenstände zu beurteilen. [73]

---

[72] Vgl. Picot, G., (2000), S. 16 f.
[73] Vgl. Stafflage, E., (2005), S. 97f

Sofern dies geschehen ist, wird die Zusammensetzung der so genannten Due Diligence, die erforderlichen internen Sachverständigen sowie der zeitliche Ablauf der Untersuchung bestimmt.[74] Die Due Diligence soll dabei alle wichtigen Informationen über das Zielunternehmen sowie über mögliche Chancen und Risiken der wirtschaftlichen und rechtlichen Lage sammeln, bewerten und zu Beweiszwecken dokumentieren.[75] Entscheidet sich das Unternehmen aufgrund der Due Diligence, das Zielobjekt zu kaufen, wird daraufhin der Preis festgelegt. Bei den Vertragsverhandlungen werden als nächstes die Einzelheiten des Unternehmenskaufvertrages beschlossen und letztendlich der Vertrag auch unterzeichnet.[76] Die Transaktion ist mit dem Inkrafttreten des Vertrages und durch die Genehmigung des Kartellamtes beendet. Allerdings ist die Verwirklichung der Erwartungen beider Unternehmen von der erfolgreichen Durchführung der Integrationsphase abhängig.[77]

3.5.3 Die Post-Merger-Phase

Die Post-Merger-Phase, auch Integrationsphase genannt, ist die komplizierteste, umfassendste und über Erfolg oder Misserfolg schließlich entscheidende Phase im Akquisitionsprozess. In der Post-Merger-Phase sollen die dem Zusammenschluss zugrunde liegenden Programme und Strategien, die in der Pre- und Post-Merger-Phase erstellt wurden, umgesetzt werden. Unter Integration versteht man die Harmonisierung bzw. Vereinheitlichung des Kerngeschäfts, der Verarbeitungssysteme, der Infrastruktur der Kommunikationstechnologien sowie die Einbeziehung der Mitarbeiter und ihre Kulturen.[78] Die Integration zweier Unternehmen besteht aus drei Bereichen: Erstens muss das Integrationsmanagement den Integrationsprozess planen und eine Integrationspotenzialanalyse erstellen. Zweitens müssen die Integrationsmaßnahmen festgelegt werden, diese umfassen fünf Komponenten: organisatorische, strategische, operative, personelle und vor allem die kulturelle Integration. Drittens wird eine Erfolgskontrolle (Post-Merger-Audit)

---

[74] Vgl. Picot, G., (2000), S. 49
[75] Vgl. Middelmann, U., (2000), S. 116
[76] Vgl. Picot, G., (2000), S. 355 f.
[77] Vgl. Picot, G., (1999), S. 3
[78] Vgl. Lauritzen, S., (2000), S. 19

durchgeführt, bei der bspw. die Wirtschaftlichkeit (Akquisitionscontrolling) des Unternehmens und die Realisierung von Synergien überprüft werden.[79] Bei der Erfolgskontrolle wird jedoch kaum überprüft, inwieweit eine kulturelle Zusammenführung der Unternehmen erreicht wurde.[80]

4. Die Bedeutung der Unternehmenskultur im Rahmen von M&A

4.1 Kulturkonflikte

Bei einem Zusammenschluss treffen häufig sehr verschiedene Unternehmenskulturen unmittelbar aufeinander. Dass die Kulturen der betroffenen Unternehmen nicht zusammenpassen, wird besonders in der Post-Merger-Phase bemerkbar. Es wird deutlich, dass die Führungsstile zu unterschiedlich sind oder psychologische Einflüsse wie Angst, Selbstzweifel, Machtlosigkeit und Konkurrenzdruck einen erheblichen Widerstand unter der Belegschaft verursachen. In der Regel wird die Kultur des stärkeren oder überlegenen Unternehmens dem anderen Unternehmen aufgezwungen. Die Folge ist ein **„Kulturschock"**, der eine heftige und plötzlich auftretende menschliche Reaktion darstellt[81] bzw. auch als „akkulturativer Stress" verstanden werden kann, der den Druck darstellt, den die Organisationsmitglieder empfinden, wenn sie einer völlig andersartigen, fremden Kultur gegenüberstehen und diese auch noch übernehmen müssen.[82] Dieser Kulturschock führt bei den Mitarbeitern des „unterlegenen" Unternehmens zu einem starken Widerstand und ist durch hohe Fluktuation und Motivationseinbrüche auf allen (Management-) Ebenen gekennzeichnet. Diese abrupte Konfrontation führt außerdem zu „innerer" Kündigung sowie Dienst nach Vorschrift, was Produktivitätseinbrüche hervorrufen kann, da die Mitarbeiter nach dem Motto arbeiten: keine Weisung – keine Veranlassung. Die Unternehmensmitglieder entwickeln eine „Wir gegen die anderen"-Haltung und verbreiten vorsätzlich Gerüchte, manipulieren und bilden Subkulturen innerhalb des Unternehmens, die sich vorherrschenden

---

[79] Vgl. Jansen, S.A., (2001), S. 202
[80] Vgl. Stafflage, E., (2005), S. 101
[81] Vgl. Borowicz, F./ Mittermair, K., (2006), S. 264
[82] Vgl. Nahavandi, A./Malekzadeh, A., (1993)

Wertvorstelllungen und Unternehmensstrukturen widersetzen.[83] Dementsprechend können die erstrebten M&A-Ziele nicht erreicht und Synergiepotentiale nicht erzielt werden.[84]

4.2 Die Relevanz der Unternehmenskultur im M&A-Prozess

Als nächstes wird die Bedeutung der Kultur in den einzelnen Phasen eines Zusammenschlusses beschrieben. Zuerst werden die kulturellen Aspekte in der Pre-Merger-, danach in der Merger- und zuletzt in der Post-Merger-Phase dargestellt.

4.2.1 Unternehmenskultur in der Pre-Merger-Phase

In der Pre-Merger-Phase sollte bereits während der Bestimmung und Analyse des passenden Übernahmekandidaten eine Kulturdiagnose, die so genannte „Culture Due Diligence",[85] erstellt werden, um zu prüfen, ob die beiden Unternehmenskulturen später auch vereinbar sind. Diese Kulturdiagnose beinhaltet die Bewertung beider Unternehmen, um durch eine Gegenüberstellung der beiden Kulturen den „Cultural Fit"[86] herauszufinden. Hierbei sollte geklärt werden, wie weitreichend die kulturellen Abweichungen und Übereinstimmungen sind und ob letztendlich beide Unternehmenskulturen vereinbar sind. Je stärker die zukünftige Verbindung beider Unternehmen sein soll, desto bedeutender ist es, den Grad der kulturellen Unterschiede beider Unternehmen vor Abschluss der Transaktion beurteilen zu können. Die Einstellungen und Verhaltensweisen der Organisationsmitglieder können in diesem Zusammenhang anhand von Indikatoren der Unternehmenskultur analysiert werden. Dazu gehören Indikatoren, wie beispielsweise die Bedeutung von Hierarchien und Statussymbolen, Führungsstil, Aufstiegsentwicklung, Umgangsformen, Ausmaß der Entscheidungs- und Handlungsfreiheit, Akzeptanz von Fehlern, gemeinsame

---

[83] Vgl. Buono, A.F./Bowditch, J.L., (1989)
[84] Vgl. Borowicz, F./ Mittermair, K., (2006), S. 264 f
[85] Vgl. Pribilla, P., (2002), S. 444; Simon, H., (1999), S. 98 et al.
[86] Vgl. Pribilla, P., (2002), S. 444; Krystek, U./Zur, E., (2002), S. 782

Unterstützung und Lernverhalten etc., die von zentraler Bedeutung für eine Kulturdiagnose sind. [87]

Die Bestimmung der Kulturen wird mit Hilfe der vorher festgelegten Indikatoren, beispielsweise durch *individuelle Interviews* mit ausgesuchten Mitarbeitern sowie Managern, durchgeführt.[88] Dieses Verfahren wird auch „Storytelling" genannt, bei dem durch offene Gespräche die Betroffenen über ihre bisherige Karriere und ihre eigenen Erfahrungen erzählen. Ziel ist es hierbei, durch diese Berichte Aufschlüsse über die Unternehmenskultur zu erzielen. Einen Rückschluss erhält man dabei nicht nur über die Aussagen und den Sprachduktus, sondern auch anhand nicht besprochener Themen wie die gemeinsamen Umgangsformen und die im Unternehmen verfügbaren Werte und Tabus. Dieses Verfahren ist zwar durchaus mühsamer im Vergleich zu anderen Methoden, hat jedoch für die Unternehmensmitglieder einen hohen Stellenwert, da ihnen gezeigt wird, dass man sich bei dem Zusammenschluss nicht nur für Gewinnmaximierung interessiert, sondern auch für die einzelnen Unternehmensmitglieder. Dies kann besonders nach der Bekanntgabe des Zusammenschlusses bei den betreffenden Personen zu einem starken Motivationsschub führen.

Ein weiteres Verfahren sind *standardisierte Mitarbeiterbefragungen* anhand von schriftlichen Fragebögen, bei denen die eigenen Mitarbeiter als auch die Mitarbeiter des Übernahmeobjektes befragt werden. Es werden dabei Wertevorstellungen und das Verhalten der Unternehmensmitglieder analysiert, die für das Käuferunternehmen sehr relevant sind, dazu gehören Kundenkontakt, das Verhalten bei Veränderungen oder der Managementstil. Dieses Verfahren ist besonders vorteilhaft, da es einen unmittelbaren Vergleich der Kulturen der betroffenen Unternehmen ermöglicht und außerdem bei erneuter Verwendung später entstandene Kulturveränderungen nachweisen kann.[89] Sollten bei der fertiggestellten Gegenüberstellung der beiden Kulturen zu viele unverträgliche Abweichungen festgestellt worden sein, sollte ein alternativer Übernahmekandidat bezüglich der Partnerwahl in Betracht gezogen werden.[90] Die Cultural Due Diligence ist besonders vorteilhaft, da sie eine positive Wirkung auf den Integrationserfolg hat. Außerdem wird dadurch eine größere Transparenz

---

[87] Vgl. Pribilla, P., (2002), S. 444 f
[88] Vgl. Müller, M., (2007), S.128
[89] Vgl. Picot, G., (2008) S. 511 f
[90] Vgl. Pribilla, P., (2002), S. 445; Krystek, U./Zur, E., (2002), S. 782 et al.

geschaffen bzw. ermöglicht, dass das Übernahmeobjekt besser kennen gelernt und beurteilt werden kann. Der Nachteil der Cultural Due Diligence ist jedoch, dass sie viel Zeit bedarf, die im Vorfeld einer Übernahme kaum vorhanden ist. Die Ausführung einer Cultural Due Diligence im Übernahmeunternehmen kann außerdem Unruhe unter den Unternehmensmitgliedern verursachen. Sie finden nicht wie herkömmliche Due-Diligence-Analysen in einem Datenraum statt, sondern werden durch den unmittelbaren Kontakt zu den Organisationsmitgliedern durch Interviews oder Befragungen erstellt. Dadurch vergrößert sich der Kreis der von der Übernahme betroffenen Unternehmensmitglieder, wodurch die Vertraulichkeits- und Geheimhaltungsbedingungen der Unternehmen bedroht werden können. [91]

4.2.2 Unternehmenskultur in der Merger-Phase

Jede Form der Unternehmensveränderung stellt für die Unternehmensmitglieder einen Stabilitätsverlust dar, denn damit wird Traditionelles und Gewohntes in Frage gestellt und durch Neues und Fremdartiges ausgetauscht. [92] Ein Zusammenschluss stellt eine extreme Form des Unternehmenswandels dar und geht mit enormen psychischen Belastungen der gesamten Mitarbeiter einher. Die Reaktionen der Mitarbeiter nach der Bekanntgabe der Übernahme findet man in der Fachliteratur häufig unter dem Sammelbegriff **„Merger-Syndrom"**. [93] Das Merger-Syndrom drückt die Stimmung der Organisationsmitglieder aus und beeinflusst enorm den Erfolg der Integration. Die Unternehmensmitglieder des Zielunternehmens müssen während des Übernahmeprozesses unterschiedliche emotionale Phasen bewältigen. Es ist von großer Bedeutung, dass sich die betroffenen Unternehmen mit den Folgen dieser Phasen auskennen, damit die erforderlichen Maßnahmen durchgeführt werden können.

---

[91] Vgl. Blöcher, A., (2004), S. 247
[92] Vgl. Müller, M., (2007) S.129
[93] Vgl. Marks, M.L./Mirvis, P.H., (1992), S. 17 ff.

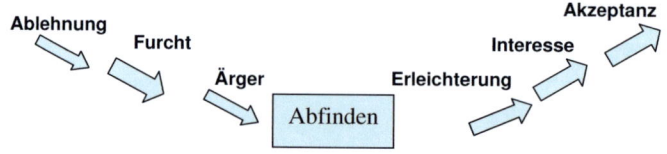

Abbildung 2: Emotionale Reaktionen der Mitarbeiter nach einem Merger. [94]

Für die meisten Mitarbeiter führt sogar nur die Bekanntmachung eines Zusammenschlusses zu einem Schock bzw. zu heftigen emotionalen Reaktionen und somit zu großer Unsicherheit.[95] Drastische Existenzängste und Misstrauen bilden sich durch die subjektiven Einschätzungen der Belegschaft, dass in der früheren Zeit Zusammenschlüsse oft zu Personalabbau führten. Diese Ängste betreffen zunächst die Sicherheit der eigenen Stelle bzw. Position sowie die Umstellung der eigenen Tätigkeit. Durch den Zusammenschluss verändert sich das gesamte soziale Gefüge, in dem sich die Mitarbeiter bislang befanden und durch welches sie Verhaltenssicherheit bekamen.[96] Der Zusammenschluss führt außerdem zu einem Verlust an Identität und Orientierung, da die Unternehmensmitglieder ein bislang als sicher und verlässlich betrachtetes Umfeld an Normen, Aufgabenverteilung, Hierarchien, Strukturen und Mitarbeitern verlieren. Durch die erhöhte Konfrontation mit der Übernahme beharren die Mitarbeiter auf die eigene Identität, was zu nicht gerade vorteilhaften Entwicklungen führen kann, wie beispielsweise zu der Aussage „früher war alles viel besser".[97] Die Folge sind Abweisung, Abgrenzung und Widerstände. Widerstände stehen in diesem Zusammenhang für emotionale Blockaden, die Organisationsmitglieder in der Annahme erzeugen, dass sich ihre Lage verschlechtert.[98] Für das neu gegründete Unternehmen bedeutet dies negative Auswirkungen, wie beispielsweise erhöhter Stress, Schlafstörungen, erhöhter Tabak- und Alkoholkonsum sowie höhere Fehlzeiten bis hin zu reduzierter

---

[94] Vgl.: Picot, G., (2005) S. 466
[95] Vgl.: Picot, G., (2008) S. 512
[96] Vgl. Pribilla, P., (2002), S. 446
[97] Vgl. Jung, T., (2001), S. 682
[98] Vgl. Vahs, D., (1997), S. 447

Arbeitsqualität und Leistungsfähigkeit der Unternehmensmitglieder.[99] In dieser Phase kann das Management die Mitarbeiter überhaupt nicht für die ausgezeichneten Erwartungen der Übernahme, wie beispielsweise Wachstum oder Eintritt in neue Märkte begeistern. Die Unternehmensmitglieder nehmen derartige Aussagen kaum wahr, da sie beinahe nur mit sich selbst beschäftigt sind. Es wurde geschätzt, dass Mitarbeiter in den ersten zwölf Monaten des Zusammenschlusses an ihrem Arbeitsplatz bis zu zwei Stunden täglich mit der Verarbeitung von Gerüchten verbringen. In welchem Ausmaß und auf welche Art und Weise die Unternehmensmitglieder auf die Bekanntmachung eines Zusammenschlusses reagieren und die Dauer der verschiedenen Phasen des Merger-Syndroms, ist abhängig von der Persönlichkeit, individuellen Lebensumständen und persönlichen Erlebnissen. Diese Verunsicherung lässt sich auf psychologischer Ebene begründen, da die Mitarbeiter mit ihrem Vorgesetzten nicht nur einen rechtlich bindenden Arbeitsvertrag vereinbaren, sondern unbewusst ein immaterieller „Sozialvertrag" entsteht. Dieser Sozialvertrag beinhaltet bestimmte Erwartungen des Mitarbeiters an seine Vorgesetzten und bildet eine Art Vertrauensbasis. Viele Unternehmensmitglieder nehmen diesen Vertrag gar nicht wahr – bis zu dem Zeitpunkt, wo er gebrochen wird. Dieses „Verhandeln" findet im Unterbewusstsein statt und hat die Folge, dass die Unternehmensmitglieder entweder die Veränderungen irgendwann mal akzeptieren oder das Unternehmen verlassen.[100] Eine weitere negative Auswirkung ist oft eine erhöhte Fluktuation von wichtigen Mitarbeitern und erfahrenen Managern. Der berühmte Spruch „exit of the best and merger the rest" kann sich daher leicht bewahrheiten und somit zu schlimmen Folgen für das neue Unternehmen führen. Diese Phase ist jedoch nicht zu verhindern, wichtig ist dabei das Beachten dieser Phasen, um sich auf die Folgen einstellen zu können und rechtzeitig Maßnahmen zu entwickeln und durchzuführen.[101]

Um über das Merger-Syndrom schnellstens hinwegzukommen, ist die Erarbeitung einer ausführlichen Kommunikations- und Informationsstrategie erforderlich.[102] Die Herausforderung besteht darin, in einer unsicheren Umgebung, durch aussagekräftige und rechtzeitige Informationen, das Vertrauen zu den

---

[99] Vgl. Pribilla, P., (2002), S. 447
[100] Vgl. Picot, G., (2008), S. 512f
[101] Vgl. Pribilla, P., (2002), S. 447 ff.
[102] Vgl. Pribilla, P., (2002), S. 449; Jung, T., (2001), S. 681 et al.

Unternehmensmitgliedern wiederherzustellen und Informationslücken zu beseitigen. Informationsdefizite werden oft mit Gerüchten und Hypothesen gefüllt, die Verängstigung, Skepsis und eine sinkende Leistungs- und Integrationsfähigkeit bewirken. Demzufolge ist es von enormer Wichtigkeit, sofort nach der Unterzeichnung des Vertrags erste, aufklärende und vertrauensfördernde Schritte durchzuführen.[103] Kommunikation kann anhand von Gespräche beispielsweise durch das Inter- oder Intranet durchgeführt werden, um von Anfang an Anspannungen und Auseinandersetzungen zu senken und somit auch das Verhältnis als auch das Verhalten der Unternehmensmitglieder zum Zusammenschluss positiv zu beeinflussen.[104] Direkt nach Vollzug der Fusion sollte eine gemeinsame Vision geschaffen werden und die Unternehmensmitglieder über die Ziele des Zusammenschlusses sowie über den Zeit- und Integrationsplan informiert werden. Außerdem sollen der Werdegang und die Leistungen beider Unternehmen den Unternehmensmitgliedern näher gebracht werden, sodass eine gemeinsame Beziehung als auch ein „Wir-Gefühl" aufgebaut werden kann. Zu den Kommunikationspraktiken sowie –medien gehören z.B. persönliche oder elektronische Nachrichten an die Unternehmensmitglieder, Kurzmitteilungen, Videoaufnahmen mit Nachrichten des Managements, Info-Rufnummern, Seminare, Rundschreiben, Presseinformationen oder Frage- und Antwortkataloge im Intranet. [105] Anhand von offenen und klärenden Gesprächen kann die erforderliche und gemeinsame Vertrauensbasis geschaffen werden, welche eine anschließende erfolgreiche, kulturelle Veränderung und Anpassung gewährleistet.[106]

4.2.3 Unternehmenskultur in der Post-Merger-Phase

Für ein dauerhaft positives Ergebnis eines Zusammenschlusses ist die Post-Merger-Integration von besonderer Relevanz, da nur dort ein möglicher Mehrwert verwirklicht werden kann.[107] Oft werden in der Post-Merger-Phase anstatt Kulturaspekten formale und organisatorische Aspekte in den Vordergrund

---

[103] Vgl. Gut-Villa, C., (1997), S. 249-266
[104] Vgl. Grube, A./Töpfer, A., (2002), S. 147 ff.
[105] Vgl. Pribilla, P., (2002), S. 449
[106] Vgl. Wirtgen, J., (2001), S. 48
[107] Vgl. Simon, H., (1999), S. 98

gestellt, jedoch beweisen Analysen deutlich den Einfluss der kulturellen Integration auf das Gelingen eines Zusammenschlusses. Das Hauptproblem des Managements stellen die ungenügende Einbindung der Betroffenen, die mangelhafte Kommunikation und hauptsächlich die Konzentration auf Synergien anstelle von zwischenmenschlichen Beziehungen dar. In der Post-Merger-Phase sind die bedeutendsten Aufgaben zügige Entscheidungen über Managementstrukturen sowie eine einheitliche Personalführung, die Erstellung von Kommunikationsplänen sowie das Zusammenstellen von Projekt- bzw. Integrationsgruppen,[108] mit dem Ziel, die Abweichungen in den Kulturen auszugleichen und das gemeinsame Vertrauen zu stärken. Durch verschiedene Strukturen könnten nämlich schnell unzufriedene und demotivierte Mitarbeiter entstehen, die somit den Integrationsprozess lähmen würden. Vergütungs-, Motivations-, Management-, Mitarbeiterentwicklungs- und Verwaltungssysteme sollten deshalb rechtzeitig abgestimmt werden.[109] Die generellen Maßnahmen in der Post-Merger-Phase für die sozio-kulturelle Integration sind Integrationsmeetings, Integrationsseminare, das Einsetzen von Integrationsgruppen und Projektteams, Auskünfte über den Zusammenschluss in den Unternehmensveröffentlichungen, Mitarbeiteraustausch sowie Schulungen und Ausbildungsmöglichkeiten.[110] Kultureller Wandel und Integration sind allerdings ein langwieriges Verfahren, das mehrere Jahre andauern kann. Bei der Untersuchung der gegenwärtigen Kulturen erfolgt zunächst eine Bestimmung der angestrebten Soll-Kultur, um im Hinblick darauf geeignete Maßnahmepakete zu erstellen.[111]

Aus diesem Grund ist in der Post-Merger-Phase auch die Klarheit über die zukünftige kulturelle Ausrichtung wichtig, wofür der notwendige Grad der kulturellen Übereinstimmung bestimmt werden muss. Im nächsten Kaptitel werden die Einflussgrößen auf den Integrationsprozesses umfassender erörtert.[112]

---

[108] Vgl. Jansen, S.A. (2004), S. 8
[109] Vgl. Pribilla, P., (2002), S. 454
[110] Vgl. Wirtgen, J., (2001), S. 48; Simon, H., (1999), S. 253 et al.
[111] Vgl. Sackmann, S., (2002), S. 158; Althauser, U./Tonscheidt-Göstl, D., (1999), S. 42 ff.
[112] Vgl. Müller, M., (2007), S. 132

5. Modelle und Methoden der kulturellen Integration

5.1 Einflussgrößen des Integrationsprozesses

5.1.1 Integrationsgeschwindigkeit

M&A verfolgen das Ziel, die beteiligten Unternehmen auf schnellstem Wege zu integrieren, um die geplanten Synergien zu erzielen. Jedoch ist man sich über die erforderliche Zeit für die Integration nicht einig. Grundsätzlich ist aber die Form der Integrationsgeschwindigkeit von der Unternehmenskultur abhängig. [113]

Die Integrationsgeschwindigkeit wird eingeteilt in eine schnelle, radikale (Quick-Change) oder eine langsame, stufenweise Integration (Slow-Change). Die Integrationsgeschwindigkeit sollte grundsätzlich in der Pre-Merger-Phase festgelegt werden. Nach dem sog. „Window of Opportunity" sollen in einen Zeitraum von 100 Tagen nach der Bekanntgabe des Zusammenschlusses die wichtigsten Integrationsmaßnahmen ausgeführt werden.[114] Beim „Window of Opportunity" sollen die Erwartungen der Unternehmensmitglieder beachtet werden, die durch Veränderungen entstanden sind.[115] Veränderungen und Umstrukturierungsmaßnahmen können in einem Zeitraum von 100 Tagen durchaus einfacher bewältigt werden, als Monate nach der Übernahme, da danach die Unternehmensmitglieder nicht mehr mit Veränderungen rechnen.[116] Das „Window of Opportunity" ist in Anbetracht eines solchen Zeitraumes dem Quick-Change-Ansatz zuzuordnen. Die Vorteile der Quick-Change-Integration (bzw. Nachteile Slow-Change) sind die Vermeidung von Unsicherheit, die Angst vor Personalabbau, die Bildung von Gerüchten und Sabotage sowie die Problematik zweier paralleler Kulturen, die „nebeneinander" bestehen. Vorteilhaft ist außerdem die zügige Erzielung von Synergiepotentialen und Produktivitätseffekten.[117] Dagegen sind die Vorteile der Slow-Change-Integration (bzw. Nachteile Quick-Change) z.B. die Vermeidung überlasteter Führungskräfte und Mitarbeiter und somit eine reduzierte Fehlerquote im Integrationsprozess

---

[113] Vgl. Online im Internet: Pörschmann, J., Proventis. Was macht Fusionen erfolgreich. S.4
[114] Vgl. Online im Internet: Bruche, G.; Herr, H., (2008): Post-Merger Integration in der Logistik. Vom Erfolg und Misserfolg bei der Zusammenführung von Logistikeinheiten in der Praxis. S.12f
[115] Vgl. Mitchel, D., (1989), S44-48
[116] Vgl. Strohmer, M., (2001), S. 71
[117] Vgl. Online im Internet: Bruche, G.; Herr, H., (2008): Post-Merger Integration in der Logistik. Vom Erfolg und Misserfolg bei der Zusammenführung von Logistikeinheiten in der Praxis. S.13

angesichts des zusätzlichen Arbeitsumfanges. Wichtige Einflussgrößen der Integrationsgeschwindigkeit sind dabei die Motive und die Ziele des Zusammenschlusses, die Art der zu transferierenden Ressourcen (Immobilien, Kapital, Wissen etc.), der Planungssicherheit, die vorhandenen finanziellen Mittel zur Realisierung der Integration, die M&A-Erfahrung und die wirtschaftliche Lage der Gesellschaften. Die Entscheidung zur Organisationsform und Vergabe der Managementpositionen sollte maximal zum Ende der Merger-Phase bzw. sogar nach Ende der Pre-Merger-Phase stattgefunden haben. [118]

5.1.2 Integrationsgrad

Als nächstes muss der Integrationsgrad des Zusammenschlusses bestimmt werden. Der Integrationsgrad bestimmt in welchem Umfang das akquirierte Unternehmen in die Organisation und in die Kultur des akquirierenden Unternehmens eingebunden wird. Im Schrifttum gibt es drei bedeutende Arten von Integrationsgraden: vollständige Autonomie, vollständige Integration (bzw. Absorption) und partielle Integration. Bei der **vollständigen Autonomie** erfolgt mit Ausnahme von den rechtlich absolut erforderlichen Maßnahmen nahezu gar keine Integration der beteiligten Unternehmen. Eine **vollständige Integration** liegt dagegen vor, wenn alle Funktionen und Bereiche der beiden Unternehmen miteinander vereinigt werden. Eine Art Zwischenstufe bildet die **partielle Integration**, bei der einzelne Leistungsbereiche eines Unternehmens in die Organisationsstruktur des gekauften Unternehmens integriert werden.[119] Hier verliert das betroffene Unternehmen seine wirtschaftliche und rechtliche Selbstständigkeit. Der Integrationsgrad wird von Markt- und produktbezogenen Einflussgrößen bestimmt, da mit steigender Ähnlichkeit der Produkte und Märkte der Integrationsgrad steigen sollte, sodass Synergien und Wachstumschancen verwirklicht werden können. Bei der Wahl des Integrationsgrades ist die Beachtung struktureller und kultureller Abweichungen der beiden Gesellschaften von Bedeutung. Strukturelle Einflussgrößen sind beispielsweise die Management- und Organisationsstrukturen, die Größe und die Entfernung zwischen den

---

[119] Vgl. Online im Internet: Bachmann, H., (2008), Post-Merger-Integration von Logistikunternehmen, Dissertation, S.59

Unternehmen. Kulturelle Unterschiede werden oft unterbewertet, obwohl empirische Untersuchungen beweisen, dass die Möglichkeit besteht, hohe Integrationsgrade bei der Integration von strukturell und kulturell kompatiblen Unternehmen zu erzielen, sodass die Integrationsprozesse in der Regel erfolgreicher sind.[120] Der Integrationsgrad ist außerdem abhängig von der Dauer der Integration. Die schlanke Integration bzw. bei der vollständigen Autonomie kann sich in vier bis sechs Monaten vollziehen. Die vollständige Integration kann dagegen in zwölf bis 18 Monaten abgeschlossen sein. Die Integration großer Unternehmen kann sich sogar zwei bis fünf Jahre hin ziehen.[121]

5.1.3 Integrationsformen

Einer der bekanntesten Analyseraster zur Ermittlung der geeigneten Integrationsform wurde von Haspeslagh/Jemison entwickelt. Die Intensität der Integration der betroffenen Gesellschaften kann durch die Kriterien „Notwendigkeit nach strategischen Interdependenzen" und „Notwendigkeit nach organisatorischer Autonomie" ermittelt werden. Die Kombination der beiden Kriterien führt zu den vier verschiedenen Integrationsansätzen Erhaltung, Symbiose, Absorption und Holding. Die Unterscheidung dieser Ansätze erfolgt durch den jeweiligen Integrationsgrad und ist je nach Ausprägung gering, mittel oder hoch. **Abbildung 3** zeigt in einer Matrix die Beziehung zwischen den vier Integrationsformen und den zwei Dimensionen.

Bedarf nach strategischen Interdependenzen

		gering	stark
Bedarf nach organisatorischer Autonomie	**stark**	ERHALTUNG	SYMBIOSE
	gering	HOLDING	ABSORPTION

Abbildung 3: Organisatorische Strukturen.[122]

---

[120] Vgl. Online im Internet: Pörschmann, J., Proventis. Was macht Fusionen erfolgreich. S. 3
[121] Vgl. Online im Internet: Finance Integration als Teil der Unternehmensintegration, S. 14
[122] Vgl. Haspeslagh/Jemison (1992), S. 174

Eine **Holdingintegration** liegt vor, wenn die Kriterien „Notwendigkeit strategischer Interdependenzen" und „Notwendigkeit organisatorischer Autonomie" niedrig sind. Der Integrationsgrad und somit das Ausmaß an Integrationsaktivitäten ist bei der Holding im Gegensatz zu den anderen Integrationsformen am geringsten. Eine Übertragung von Fähigkeiten und eine daraus resultierende Wertvermehrung erfolgt gewöhnlich nicht, da sich die Verbindung meistens nur auf den Finanzbereich beschränkt.[123] Bei einer Holding bleiben die beiden Gesellschaften rechtlich selbstständig.[124]

Die **Erhaltungsintegration** ergibt sich aus einer niedrigen „Notwendigkeit nach strategischer Interdependenz" und einer hohen „Notwendigkeit nach organisatorischer Autonomie". Bei dieser Integrationsform behält die übernommene Gesellschaft ihre unternehmerische Selbstständigkeit und wird vom Käuferunternehmen organisatorisch unabhängig geführt. Die Notwendigkeit nach organisatorischer Autonomie ist hoch, damit beispielsweise die Personalpolitik oder der Markenname erhalten bleiben können.[125] Die Realisierung von kulturellen Synergien ist zwar bei dieser Strategie kaum möglich, da beide Kulturen schwer zu kontrollieren sind. Jedoch sind negative Folgen, wie Widerstände der Organisationsmitglieder gering, sodass ein Kulturschock vermieden werden kann.[126]

Die **Symbiose** ist gekennzeichnet durch eine hohe Notwendigkeit nach organisatorischer Autonomie und nach strategischer Interdependenz. Hier bestehen beide Gesellschaften nebeneinander und bilden mit der Zeit eine neue Gesellschaft.[127] Dieser Integrationsansatz ist besonders schwer durchzuführen, da die Autonomie bewahrt werden soll und gleichzeitig auch ein beträchtlicher Transfer von Fähigkeiten geschaffen werden soll. Diese Integrationsform ist eine Kombination der positiven Aspekte der Erhaltung mit der kompletten Ausschöpfung möglicher Synergien. Erst nach der Entscheidung über die Integrationsformen können die eigentlichen Integrationsstrategien durchgeführt

---

[123] Vgl. Haspeslagh, P.C./Jemison, D.B., (1992), S.169 f.
[124] Vgl. Jansen, S.A., (2001), S. 234
[125] Vgl. Lohninger, H., (2001), S. 389 ff.
[126] Vgl. Lucks, K./Meckl, R., (2002), S. 152
[127] Vgl. Haspeslagh, P.C./Jemison, D.B., (1991), S. 145

werden.[128] Bei dieser Integrationsform entsteht mit der Zeit aus den beiden alten Kulturen eine neue, gemeinsame Unternehmenskultur.[129] Der mögliche Kulturschock ist bei beiden Gesellschaften schwach. Die Entwicklung einer gemeinsamen Unternehmenskultur hat den Vorteil, dass beide Gesellschaften stärker zusammenwachsen können.[130]

Der **Absorptionsansatz** setzt sich zusammen aus einer hohen Notwendigkeit an strategischen Interdependenzen und einer geringen Notwendigkeit an organisatorischer Autonomie. Bei diesem Ansatz werden die beteiligen Unternehmen vollständig miteinander verschmolzen werden. Diese Integrationsform ist außerdem besonders vorteilhaft, wenn die neue Gesellschaft eine ideale Ergänzung zum eigenen Unternehmen ist.[131] Von Nachteil ist jedoch, dass hierbei ein massiver Eingriff in die Unternehmenskulturen erfolgt, sodass heftige Widerstände entstehen können mit der Folge eines schwerwiegenden Kulturschocks bei den beteiligten Mitarbeitern. Gründe sind hierfür, dass sich nur ein Partner mit einer neuen Kultur vertraut machen muss. Das betroffene Unternehmen hat somit das Gefühl des Verlusts und der Fremdbestimmung. Ob die übernommene Kultur wirklich die günstigere ist, ist dabei unwesentlich, entscheidend ist hier stattdessen die Stärke bzw. Macht des Unternehmens.[132]

5.1.4 Integrationsstrategien

Um die verschiedenen Unternehmenskulturen am günstigsten zu vereinigen, kann sich das übernehmende oder dominantere Unternehmen zwischen drei unterschiedliche Strategien zum Kulturtransfer entscheiden:

Die **Monokulturstrategie** wird angewendet, wenn ein Unternehmen erheblich stärker bzw. dominanter ist. Dem schwächeren Unternehmen wird dann die Kultur des Übernehmenden einfach aufgedrängt. Durch diese Strategie kann es sehr schnell zu Widerständen bis hin zum Kulturschock im Übernahmeunternehmen kommen, sodass eine gewisse kulturelle Sensibilität erforderlich ist.[133] Die Anwendung der Monokulturstrategie ist von Vorteil, wenn die neue

[128] Vgl. Lohninger, H., (2001), S. 389 ff.
[129] Vgl. Haspeslagh, P.C./Jemison, D.B., (1991), S. 145
[130] Vgl. Lucks, K./Meckl, R., (2002), S. 152
[131] Vgl. Lohninger, H., (2001), S. 389 ff.
[132] Vgl. Lucks, K./Meckl, R., (2002), S. 152
[133] Vgl.: Picot, G., (2005) S. 459

Unternehmenskultur besser zur Gesellschaft passt. Diese Integrationsstrategie kann jedoch sehr unproduktiv sein, da oft harte Gegenreaktionen seitens der Organisationsmitglieder entstehen, sodass diese Strategie nur nach sorgfältiger Überlegung genutzt werden sollte.

Bei der **Multikulturstrategie** bleiben die beiden Unternehmenskulturen friedlich bzw. separat weiterhin nebeneinander bestehen. Beide Unternehmenskulturen existieren weiterhin und werden somit nicht vollständig integriert. Die Mitarbeiter der beiden Unternehmen bleiben eigenständig und es herrscht gegenseitiger Respekt. Diese Integrationsstrategie erweist sich als sinnvoll, wenn durch einen Zusammenschluss zwei Unternehmen mit sehr unterschiedlichen Bereichen vereinigt werden. Die Unternehmensmitglieder können dann örtlich getrennt voneinander ihrer Arbeit nachgehen und somit Konflikte vermeiden.

Die **Mischkulturstrategie** ist die erfolgreichste und somit auch anzustrebende Strategie und entsteht meistens durch den Zusammenschluss zweier gleich starker Unternehmen. Hierbei wird aus den beiden Kulturen eine komplett neue, gemeinsame Unternehmenskultur entwickelt, die das Beste aus beiden Unternehmen vereinigt. Bei dieser Art von Mischkultur ist es notwendig, dass sich die Unternehmensmitglieder mit der Kultur der anderen auseinandersetzen, indem sie das Verhalten der anderen Unternehmensmitglieder hinterfragen, analysieren und beurteilen. Sollte sich die Vorgehensweise der anderen nützlicher erscheinen als die bisherige, dann wird die neue Vorgehensweise mit der Zeit anerkannt und auf sich selbst übertragen. Nachdem beide Unternehmen diese Phase erfolgreich abgeschlossen haben, kann eine gemeinsame Unternehmenskultur entstehen, bei der positive Elemente bzw. Gewohnheiten beider Kulturen aufrechterhalten werden und die negativen verschwinden. Der Vorteil ist hier außerdem, dass für beide Unternehmen ein Teil der Vertrautheit bestehen bleibt und somit Entfremdung vermieden wird. [134]

---

[134] Vgl.: Online im Internet: Salzgeber, R.,(2001): Erfolgsfaktoren des Projektmanagements bei der Durchführung von Fusionen in der Bundesverwaltung, S. 59

5.2 Cultural-Fit-Modelle

5.2.1 Modell der Akkulturation von Nahavandi/Malekzadeh

Der Akkulturationsprozess wird nach Nahavandi/Malekzadeh ausgelöst durch die drei Phasen: **Kontakt-, Konflikt** und **Adaptionsphase.**

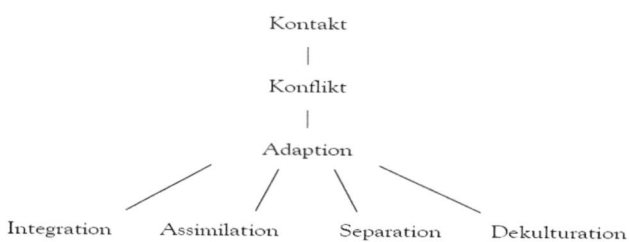

Abbildung 4: Verlauf der Akkulturation.[135]

Die Kontaktphase ist durch den kulturellen Anpassungsprozess gekennzeichnet. Die Konfliktphase beinhaltet die bereits beschriebenen, möglichen Probleme, die durch den Kontakt der beteiligten Kulturen entstehen, da in der Regel eine Gesellschaft ihre Unternehmenskultur nicht ohne Widerstand aufgeben wird. In der Adaptionsphase sollen die Widerstände anhand der passenden Akkulturationsform behoben werden, um das neue Unternehmen zu festigen.[136] Welche Akkulturationform letztendlich angewendet wird, hängt von den strategischen Zielen und von der Toleranz gegenüber dem jeweils anderen Unternehmen ab.[137] Nach Nahavandi und Malekzadeh existieren vier verschiedene Akkulturationsformen:

Assimilation: Bei dieser Akkulturationsform gibt das übernommene Unternehmen seine Kultur auf und passt sich sowohl an die Organisation als auch an die Kultur des Käuferunternehmens an, sodass eine Einheitskultur entsteht. Vorrausetzung ist hierbei die Kooperation und Akzeptanz der Mitarbeiter der übernommenen Gesellschaft. Die Akkulturationsform ist jedoch nur möglich,

---

[135] Vgl. Online im Internet: Schanne, S., (2002): Gestaltung der kulturellen Integration bei Unternehmenszusammenschlüssen aus strukturationstheoretischer Perspektive, S. 43
[136] Vgl. Berry, J.W., (1983), S. 66
[137] Vgl. Nahavandi, A./Malekzadeh, A.R., (1988), S.84

wenn das übernommene Unternehmen seine eigene Kultur als schwach und erfolglos beurteilt. Die Unternehmensmitglieder geben ihre unternehmenskulturelle Identität auf, akzeptieren und übernehmen die neue Identität.

Integration: Das übernommene Unternehmen wird in die Organisationsstruktur des Käuferunternehmens integriert, behält jedoch einige seiner kulturellen und strukturellen Bestandteile. Bei einer Integration kommt es somit zu einer strukturellen Anpassung, jedoch gibt das übernommene Unternehmen seine kulturelle Identität auf. Ein weiteres Merkmal der Integration ist das Teilen von kulturellen Werten und Normen, da die jeweiligen Unternehmen (einige) Bestandteile der jeweils anderen Kultur annehmen.

Separation: Die übernommene Gesellschaft will die Bewahrung der eigenen Identität, Kultur sowie Organisationsstruktur durchsetzen. Das Übernahmeobjekt wird außerdem als autonomer Bestandteil weitergeführt, da die Organisationsmitglieder gegen die Übertragung einzelner Technologie- und Managementstrukturen des Käuferunternehmens sind. Folglich begrenzt sich die Zusammenarbeit oft nur auf die finanzielle Ebene.

Dekulturation: Diese Form ist die negativste, da es sich um einen fehlgeschlagen Akkulturationsprozess handelt. Das übernommene Unternehmen lehnt die eigene Kultur als auch kulturelle und strukturelle Bestandteile des Käuferunternehmens ab. Die kulturelle Neuorientierung der Betroffenen hat die Ausweglosigkeit der Unternehmensmitglieder zur Folge und ist geprägt durch Verwirrung, Entfremdung und Identitätsverlust.

Nach der Auffassung von Nahavandi und Malekzadeh ist nicht der Grad der Übereinsstimmung zwischen den Unternehmenskulturen entscheidend für den Integrationserfolg, sondern der Grad der Einigkeit über die Akkulturationsform. Demzufolge können bei der Integration erhebliche Konflikte erspart bleiben, wenn eine Übereinkunft über die geeignete Akkulturationsform besteht. Bei einem hohen Übereinstimmungsgrad kommt es somit im Akkulturationsprozess zu einem geringeren Ausmaß an Akkulturationsstress und zu einem überwiegend problemlosen Ablauf des Akkulturationsprozesses. Existiert dagegen nur ein geringer Übereinstimmungsgrad, werden unweigerlich Anpassungskonflikte auftreten.[138]

Nach Nahavandi und Malekzadeh ist bei der Form der Akkulturation aus der *Perspektive des übernommenen Unternehmens* die Stärke und der Erfolg der eigenen Kultur sowie die Wahrnehmung der Kultur des Käuferunternehmens entscheidend. **Abbildung 5** zeigt diesen Zusammenhang.

**Außmaß/Bedürfnis der
Kulturbewahrung**

		hoch	niedrig
Empfundene Attraktivität der zu übernehmenden Unternehmenskultur	hoch	Integration	Assimilation
	niedrig	Separation	Dekulturation

Abbildung 5: Akkulturationsformen aus der Sicht der *übernommenen* Unternehmung.[139]

Die übernommene Gesellschaft wird die Akkulturationsform der **Integration** wählen, wenn sie ihre eigene Unternehmenskultur behalten will und gleichzeitig Bestandteile der Kultur des Käuferunternehmens attraktiv findet und daher übertragen möchte. Die Assimilationsform wird gewählt, wenn die Unternehmensmitglieder kaum Interesse an der Erhaltung der Werte ihrer eigenen Kultur haben und somit die Kultur des Käuferunternehmens übernehmen wollen, da sie aus ihrer Sicht attraktiver ist. Die **Separation** ist dagegen bei einer stark ausgeprägten Unternehmenskultur als auch bei geringer Attraktivität des Käuferunternehmens die am besten geeignete Strategie.

Aus der *Sicht des Käuferunternehmens* (vgl. **Abbildung 6**) ist die Wahl der Form der Akkulturation abhängig vom Multikulturalitätsgrad. Dieser Grad gibt Auskunft über die Bereitschaft, kulturelle Abweichungen zu tolerieren bzw. zu akzeptieren und zu fördern.

---

[138] Nahavandi, A./Malekzadeh, A.R., (1993).
[139] Vgl. Nahavandi, A./Malekzadeh, A.R., (1988)., S. 83

<table>
<tr><td></td><td colspan="2">**Ausmaß der Akzeptanz
verschiedener Kulturen**</td></tr>
<tr><td></td><td>multikulturell</td><td>unkulturell</td></tr>
<tr><td>**Diversifikationsgrad:**
Verwandtschaftsgrad
der
Akquisitionspartner   hoch</td><td>**Integration**</td><td>**Assimilation**</td></tr>
<tr><td>niedrig</td><td>**Separation**</td><td>**Dekulturation**</td></tr>
</table>

Abbildung 6: Akkulturationsformen aus der Sicht der *übernehmenden* Unternehmung.[140]

Die **Assimilations-** bzw. **Integrationsform** wird gewählt, wenn Käuferunternehmen dazu neigen, bei einem übernommenen Unternehmen aus derselben Branche, die eigene Kultur und Vorgehensweisen aufzuzwingen. Gründe hierfür sind Rationalisierungsmaßnahmen bzw. die Erzielung von Synergien. [141]

5.2.2 Modell der Kulturkompatibilität von Catwright/Cooper

Nach dem Modell von Catwright/Cooper spielen bei der Entscheidung über die Integrationsform die Motive, die Ziele und auch die Form des Zusammenschlusses eine entscheidende Rolle. Diese unterschiedlichen Formen von Unternehmenszusammenschlüssen werden von den beiden Autoren mit üblichen Eheverträgen verglichen. Gemäß ihrer Auffassung passen am besten nicht diejenigen Unternehmen zusammen, die dieselben kulturellen Eigenschaften besitzen, sondern diejenigen, die sich auf den „Ehevertrag" geeinigt haben und von deren Unternehmensmitglieder ihn auch realisieren und akzeptieren.[142] Es muss somit ein „Cultural Fit" vorhanden sein, d.h. die beiden Unternehmen

---

[140] Vgl. Nahavandi, A./Malekzadeh, A.R., (1988), S. 84
[141] Vgl. Nahavandi, A./Malekzadeh, A.R., (1988); Nahavandi, A./Malekzadeh, A.R., (1993).
[142] Vgl. Online im Internet: Köschig, M., (2005), Chancen und Risiken von Fusionen auf dem Hintergrund der Situation im Bistrum Magdeburg. Theoriearbeit. S. 14

müssen *nicht* über denselben, jedoch zumindest über einem *ähnlichen* Kulturtyp verfügen, um eine erfolgreiche kulturelle Integration zu realisieren.[143]

Sie unterscheiden dabei die Form der „offenen Ehe" (open marriage), der „traditionellen Ehe" (traditional marriage) und der „modernen Ehe" (collaborative marriage). Dabei gleicht die offene Ehe durchgehend der zuvor geschilderten Separationsform und die traditionelle Ehe der Assimilationsform und wird daher nicht näher erläutert. Dagegen liegt nach Catwright/Cooper eine **„moderne Ehe"** vor, wenn zwei verschiedene Unternehmenskulturen zu einer vollständig neuen verschmelzen.[144]

Nach ihrer Analyse lassen sich Unternehmen einer recht einfachen kulturellen Typologie zuordnen und unterteilen daher wie folgt:

Machtkultur (Power Culture): Diese Kultur ist durch eine starke Zentralisierung der Machtstrukturen gekennzeichnet und ist insbesondere in kleineren Unternehmen (z.B. Unternehmensgründer) vorzufinden. Sie ist durch ein geringes Mitspracherecht der Beschäftigen charakterisiert.

Rollenkultur (Role Culture): Der Grundsatz dieser Kultur ist Logik, Rationalität und Effizienz und tritt daher eher in stark bürokratischen Organisationen auf. Die Organisationsmitglieder erledigen ihre Aufgaben routiniert und ordnen sich klar sichtbaren Hierarchien unter.

Aufgabenkultur (Task/achievement culture): Bei dieser Kultur ist eine aufgaben- bzw. leistungsorientierte Organisation vorzufinden, bei der die Art der Aufgabe die Arbeitsweise regelt. Sie ist eher in einzelnen Abteilungen von besonders jungen Unternehmen vorzufinden (z.B. High-tech- oder Start-Up-Unternehmen). Besondere Eigenschaften dieser Kultur sind Selbstständigkeit, Flexibilität und Kreativität.

Personenkultur (Person culture): Bei dieser Kultur ist das Hauptmerkmal die Gleichheit jedes einzelnen Beschäftigten und deren Entwicklung. Beim Treffen wichtiger Entscheidungen werden die Mitarbeiter beteiligt und Informationen werden geteilt (z.B. Non-Profit-Organisation).[145]

Die Autoren sind zu der Erkenntnis gekommen, dass bei den Zusammenschlüssen nicht die Abweichungen zwischen den Unternehmenskulturen für einen

---

[143] Vgl. Cartwright, S./Cooper, C.L., (1996).
[144] Vgl. Cartwright, S./Cooper, C.L., (1992).
[145] Vgl. Cartwright, S./Cooper, C.L., (1992), S. 60-64.

erfolgreichen Ablauf entscheidend sind, sondern der kulturelle Handlungsspielraum, in dem die individuellen Freiheiten der Unternehmensmitglieder der übernommenen Gesellschaft verändert werden. Je mehr individuelle Freiheiten die Unternehmensmitglieder in ihren Arbeitsabläufen bekommen, desto weniger Schwierigkeiten liegen in der Regel vor. Werden andererseits die persönlichen Freiheiten eingeschränkt, kommt es entsprechend zu mehr Problemen.

Machtkulturen sind wahrscheinlich am einfachsten zu ersetzen, da die Mitarbeiter am ehesten gewillt sind, die Kultur des Käuferunternehmens anzunehmen. Ein erfolgreicher Zusammenschluss zwischen zwei **Machtkulturen** wird durch die gelungene Integration bzw. durch den akzeptierten Austausch des Managements der übernommenen Gesellschaft bestimmt. Die Unternehmensmitglieder müssen somit die Autorität des neuen Managements akzeptieren. Schließen sich eine **Rollenkultur** und eine **Machtkultur** zusammen, wird das Käuferunternehmen auf erheblichen Widerstand stoßen.[146] Im Unterschied dazu eigenen sich **Rollenkulturen** in der Regel gut für den Zusammenschluss mit dominierenden **Aufgaben- bzw. Personenkulturen**. Gründe hierfür sind, dass bei einer **Aufgabenkultur** die Beschäftigten äußerst zufrieden mit ihren Vorgesetzten sind und sich im hohen Maße bei ihrer Arbeit engagieren. Jedoch sind diese Unternehmen keine geeigneten Übernahmepartner von **Machtkulturen** bzw. Aufgabenkulturen, sondern eignen sich nur für Personenkulturen.

Dagegen sind beim Zusammenschluss zweier gleichberechtigter Unternehmen („moderne Ehe") kulturelle Unterschiede von besonderer Relevanz. Der Zusammenschluss eines erfolgversprechenden „merger of equal" hängt von der Schaffung einer gemeinsamen Kultur ab, in der die Bestandteile beider Kulturen verschmelzen. Für einen erfolgreichen Zusammenschluss sollte es sich daher um gleiche oder zumindest ähnliche Kulturformen handeln, da beide Unternehmen möglichst viele Elemente ihrer Kultur beibehalten wollen.

Cartwright & Cooper wollen mit ihrem Modell das Vorhandensein eines kulturellen „Fit" zwischen den Unternehmen aufzeigen. Eine rechtzeitige Untersuchung der jeweiligen Unternehmenskulturen deutet auf mögliche

---

[146] Vgl. Cartwright, S./Cooper, C.L., (1992)

Konflikte in der Integrationsphase hin bzw. führt zum Ergebnis, dass die beiden Unternehmenskulturen nicht kompatibel sind und von einem Zusammenschluss Abstand nehmen sollte. [147]

5.2.3 Modell der Kulturbeeinflussung von Buono/Bowditch

Ende der 80er Jahre haben Buono und Bowditch einen erheblich radikaleren Ansatz der Kulturveränderung entwickelt.

Die Ursachen für den Misserfolg von Unternehmenszusammenschlüssen werden nach ihrer Ansicht in den Konflikten und Widerständen gesehen, die durch das Kombinieren unterschiedlichster Unternehmenskulturen zustande kommen. Zusammenfassend lassen sich nach den Autoren vier kulturelle Integrationsformen unterscheiden: [148]

Kulturvielfalt (Cultural Pluralism): Bei dieser Integrationsform existieren mehrere Kulturen nebeneinander, sodass die Notwendigkeit einer kulturellen Anpassung gering ist. Kulturelle Unterschiede sind mit dem Ziel erwünscht, dass Subkulturen gebildet werden, die innerhalb der gesamten Unternehmenskultur gemeinsame Ziele erstreben. Grundansicht hierfür ist, dass aus den kulturellen Unterschieden die unternehmerische Stärke entsteht.

Kulturkombination (Cultural Blending): Es erfolgt eine Kombination der Stärken beider Kulturen, um eine neue, gemeinsame Kultur zu bilden. Bei dieser Integrationsform dominiert keine der Unternehmenskulturen, jedoch muss die Bereitschaft der Mitarbeiter gegeben sein dies zu akzeptieren. Voraussetzung der Kulturkombination ist Flexibilität, eine effiziente Kommunikation und kein starker Wettbewerb zwischen den beteiligten Unternehmensmitgliedern.

Kulturübernahme (Cultural Takeover): Die Kultur des stärkeren Unternehmens soll die des anderen ersetzen. Hier kommt es zu zahlreichen Konflikten, da dem schwächeren Unternehmen meist eine Kultur aufgezwungen wird. Daher ist für eine erfolgreiche Integration ein konsequentes und glaubwürdiges Management erforderlich, das bekannt ist für seine Fairness und Kompetenz.

---

[147] Vgl. Cartwright, S./Cooper, C.L., (1992)
[148] Vgl. Buono, A.F./Bowditch, J.L., (1989), S. 143 ff

Kulturwiderstand (Cultural Resistance): Bei dieser Strategie kommt es zu erheblichen Kulturkonflikten und Spannungen. Gründe für den Misserfolg sind das Ignorieren bzw. das mangelnde Verständnis in Hinsicht auf die kulturellen Unterschiede des übernommenen Unternehmens.[149]

Bevor jedoch eine Entscheidung über die kulturelle Integrationsform getroffen werden kann, muss eine ausführliche Kulturdiagnose bei den betroffenen Unternehmen erstellt werden.[150] Dabei wird anhand der Stärke der Unternehmenskulturen eine Vorauswahl der Integrationsform getroffen und somit mögliches Konfliktpotential erkannt.[151] Schließt sich beispielsweise ein Käuferunternehmen mit einer starken Kultur und ein Unternehmen mit einer ebenfalls sehr starken Kultur zusammen, so ist die Integrationsform Cultural Resistance geeignet. Wird dagegen ein Unternehmen mit einer eher schwachen Kultur übernommen, so ist Cultural Blending die passende Strategie. [152]

Die Autoren sind der Ansicht, dass ein Wandel der betroffenen Kulturen sehr viel Zeit beansprucht und keine absolut planbare Phase darstellt. Trotzdem schlagen sie in Anlehnung an Sathe vier kulturbeeinflussende Maßnahmen vor, um die Unternehmenskulturen zu verändern:

Anreizsystem: Eine Änderung des Verhaltens der Organisationsmitglieder kann durch bestimmte Leistungsanforderungen oder durch ein Anreizsystem herbeigeführt werden.

Rechtfertigung der Verhaltensänderung: Der Sinn dieser Verhaltensänderung muss dementsprechend den Mitarbeitern glaubwürdig übermittelt sowie abgesprochen, begriffen und akzeptiert werden.

Kommunikation: Die Verbreitung kultureller Perspektiven und Veränderungen im Unternehmen, kann direkt beispielsweise durch Ankündigungen oder Notizen sowie durch Maßnahmen wie Rituale, Zeremonien etc. erfolgen.

Personelle Veränderungen: Bei dieser Maßnahme werden Unternehmensmitarbeiter, die sich nicht an die Unternehmenskultur anpassen wollen, aus dem Unternehmen ausgeschieden. Folglich werden nur die

---

[149] Vgl. Buono, A.F./Bowditch, J.L., (1989), S. 143 ff
[150] Vgl. Buono, A.F./Bowditch, J.L., (1989), S. 149 ff
[151] Vgl. Rohloff, S., (1994), S. 160
[152] Vgl. Stafflage, E., (2005), S.195

Unternehmensmitglieder behalten oder neu aufgenommen, die mit der Unternehmenskultur übereinstimmen bzw. zu ihr passen.[153]

Zusammenfassend kann man sagen, dass es zwei grundlegende Strategien gibt, mit denen eine Kulturveränderung erreicht werden kann. Bei der ersten Strategie sollen die bisherigen Mitarbeiter dazu gebracht werden, die neue Kultur zu akzeptieren. Bei der zweiten Strategie hingegen werden die Beschäftigten radikal ausselektiert und die erstrebte Kultur durch Neueinstellungen und darauffolgende Integration der neuen Organisationsmitglieder geschaffen. Die zweite Strategie wird jedoch als letzten Ausweg betrachtet, der in der Praxis sehr beliebt ist und meistens auf mittleren und unteren Führungsebenen angewendet wird. Bei einer Personalselektion werden die Mitarbeiter in drei Gruppen eingeteilt, dazu gehören kulturkonforme, kulturkompatible und kulturaverse Organisationsmitglieder. Die dritte Gruppe der kulturaversen Mitarbeiter wird einfach durch Maßnahmen der Personalfreisetzung radikal entfernt. Die ersten beiden Gruppen vollziehen dagegen den Prozess der Akkulturation, wobei die Integration der kulturkompatiblen Unternehmensmitglieder mehr Anstrengungen erfordert, da bei ihnen mehr Überzeugungsarbeit geleistet bzw. stärker integriert werden muss.

Mit dem Einstellen und Integrieren der geeigneten Unternehmensmitglieder sowie durch den Abbau von nicht passenden Mitarbeitern, bei denen kein kultureller Fit vorhanden ist, schließt sich der Kreis des Kulturwandels.[154]

6. Kulturelle Integration am Beispiel DaimlerChrysler

Die Fusion der Daimler-Benz AG und des Chrysler Konzerns wurde in der Zeit von Mai 1998 bis November 1998 durchgeführt. Durch diese Fusion ist zur damaligen Zeit eines der größten und spektakulärsten deutsch-amerikanischen Automobilunternehmen der Industriegeschichte entstanden.[155] In den nächsten Kapiteln sollen die unternehmensspezifischen Ziele und Motive der beiden Unternehmen sowie der kulturelle Entwicklungsprozess in der Zeit von 1998 bis 2003 dargestellt werden.

---

[153] Vgl. Buono, A.F./Bowditch, J.L., (1989), S. 165 ff
[154] Vgl. El-Aridi, M., (2007), S. 65 f.
[155] Vgl. Müller, M., (2007), S. 192

6.1 Ausgangslage und Ziele des Zusammenschlusses

Entscheidend für die Fusion der beiden Unternehmen war die starke Ausweitung der Automobilbranche während der letzten Jahrzehnte. Im Jahre 1930 existierten noch 270 selbstständige Automobilhersteller, während im Jahre 2001 die fünf größten Automobilproduzenten (GM, Ford, Toyota, VW und DaimlerChrysler) zusammen etwa 70% des Weltmarktes für Kraftfahrzeuge ausmachen.[156] Vor dem Hintergrund der fortschreitenden Entwicklung des Automobilmarktes bestand das Ziel dieser Fusion hauptsächlich darin, die Markposition zu stärken und sich zu einem global agierenden Unternehmen zu entwickeln. Die Nutzung und Realisierung von Synergien war ebenfalls ein gemeinsames Ziel der beiden Unternehmen.[157] Ein weiterer Grund war, dass die Produktion der Premium-Marke Mercedes-Benz automatisch in den Stückzahlen beschränkt ist. Zudem machen Premiumfahrzeuge nur einen Marktanteil von 12%[158] in der gesamten Automobilbranche aus, sodass die Erschließung von neuen Wachstumsmärkten mit neuen Produkten insbesondere in Volumenmärkten erforderlich wurde. Es wurde jedoch befürchtet, dass durch den Verkauf von Fahrzeugen im Volumensegment das exklusive Image der Marke Mercedes-Benz beschädigt werden könnte. Ein weiteres Problem ist, dass der Eintritt in neue Wachstumsmärkte hohe Kosten und beträchtliche Risiken bedeutet. Diese Risiken können jedoch durch den Zusammenschluss mit einem Automobilproduzenten, der sich bereits erfolgreich im Volumenmarkt etabliert hat, vermieden werden und gleichzeitig das bisherige Produktportfolio gegenseitig ergänzen, ohne dass es zu einer Bedrohung des jeweiligen Markenimages kommt.[159] Der Zusammenschluss sollte somit eine Ergänzung des Produktangebotes ermöglichen, da Daimler-Benz überwiegend Premiumprodukte herstellt und Chrysler sich auf die Produktion von Massen-, Gelände-, Freizeit- und Großraumfahrzeugen spezialisierte. Es konnten außerdem   durch   die   Zusammenlegung   der   Verwaltungs-   und

---

[156] Vgl. Grube, R., (2003), S. 492
[157] Vgl. Grube, R./Töpfer, (2002), S. 494
[158] Vgl. Vlasic, B./Stertz, B.A, (2000), S. 171
[159] Vgl. Daimler-Benz AG (1998): Informationen zum Unternehmenszusammenschluss von Daimler-Benz und Chrysler, S. 10f.

Entwicklungsbereiche sowie durch den gemeinsamen Gebrauch der Vertriebsnetze Synergien realisiert und Kosten eingespart werden.[160]

Die Motive für einen Zusammenschluss von Daimler-Benz und Chrysler sind somit bei beiden Unternehmen gleich: Erweiterung des Produktangebotes, einen höheren Marktanteil und somit die Erlangung einer höheren Wettbewerbsposition.[161]

Im Jahr 1997 erzielte Daimler-Benz 63% seines Umsatzes im europäischen Raum, wogegen Chrysler 90% seines Umsatzes in den Nafta-Staaten USA, Kanada und Mexiko erzielt hat.[162] Diese nordamerikanischen Märkte waren für Daimler-Benz und dementsprechend die europäischen Märkte für Chrysler eine optimale Ergänzung bzw. Ausgangslage für eine weitere Ausweitung der beiden Unternehmen auf dem Weltmarkt.[163] Des Weiteren sollten Wachstums- und Expansionschancen in den erfolgsversprechenden Märkten Osteuropas, Asiens und Südamerikas wahrgenommen werden.[164]

6.2 Chronologie der Transaktion

Im folgenden Kapitel werden noch mal die wichtigsten Ereignisse von Daimler-Chrysler zusammengefasst.

7. Mai 1998: Daimler-Benz und Chrysler schließen sich zu einem globalen Auto-konzern zusammen. Einige Monate später wird der Zweisitzer Smart auf den Markt gebracht.

27. März 2000: DaimlerChrysler beteiligt sich mit ca. vier Mrd. Mark beim japanischen Autoproduzenten Mitsubishi, um sich auf dem asiatischen Markt zu etablieren.

26. Juni: Wenige Monate später erhält DaimlerChrysler für ca. 428 Mio. US-Dollar zehn Prozent des koreanischen Autobauers Hyundai; sie bilden zusammen eine Allianz im Nutzfahrzeugbereich.

26. Oktober: Der amerikanische Unternehmensbereich von DaimlerChrysler ver-

---

[160] Vgl. Budzinski, O./Kerber, W., (2003).
[161] Vgl. Vgl. Daimler-Benz AG (1998): Informationen zum Unternehmenszusammenschluss von Daimler-Benz und Chrysler, S. 36
[162] Vgl. ebd. S. 13
[163] Vgl. Müller, M., (2007), S. 194
[164] Vgl. Vgl. Daimler-Benz AG (1998): Informationen zum Unternehmenszusammenschluss von Daimler-Benz und Chrysler, S. 11.

bucht im dritten Quartal einen Verlust von rund 600 Mio. Euro.

30. Oktober: Noch im selben Monat gibt Vorstandsvorsitzender Jürgen Schrempp in einem Interview öffentlich zu, dass er die Fusion beider Unternehmen nicht als einen Zusammenschluss unter Gleichen betrachtete.

17. November: Schwierigkeiten bei Chrysler sollen mit einem Führungswechsel beseitigt werden, indem Chrysler-Chef Holden durch den Vorstandsvorsitzenden Dieter Zetsche ausgetauscht wird.

27. November: Der amerikanische Milliardär Kirk Kerkorian verklagt DaimlerChrysler auf neun Mrd. US-Dollar. Der drittgrößte Aktionär wirft Jürgen Schrempp vor, die Aktionäre getäuscht zu haben, indem er die Fusion als "Zusammenschluss unter Gleichen" darstellte.

22. August 2003: Im Rechtsstreit um den Zusammenschluss sagt DaimlerChrysler US-Klägern einem Vergleich zu, jedoch nicht der Schadenersatzklage Kerkorians.

7. April: Aktionäre beschuldigen die Unternehmensleitung im Hinblick auf die ständigen Schwierigkeiten bei Chrysler und die missglückte Beteiligung an Mitsubishi, dass die Vision einer „Welt AG" fehlgeschlagen ist. Wenige Wochen später trennt sich DaimlerChrysler von seiner Beteiligung mit seinen stark verschuldeten Partner Mitsubishi.

23. Juli: Der DaimlerChrysler-Vorstand einigt sich mit dem Betriebsrat auf jährliche Einsparungen in Höhe von 500 Mio. Euro und bis 2012 auf eine Einstellungssicherung für 160.000 Mitarbeiter in Deutschland.

10. Februar 2005: Mercedes verzeichnet aufgrund von Qualitätsproblemen unerwartet starke Gewinneinbußen.

7. April: Die Milliardenklage des US-Investors Kerkorian ist nach vier Jahren Rechtsstreit vor dem US-Gericht in Wilmington gescheitert.

28. Juli: Vorstandsvorsitzender Schrempp tritt unerwartet zum Ende des Jahres zurück und macht Dieter Zetsche zu seinem Nachfolger.

28. September: Der Automobilkonzern plant in den nächsten zwölf Monaten die Entlassung von 8.500 Mitarbeitern in Deutschland sowie weltweit den Abbau von 6.000 Jobs in der Verwaltung und im Management.

11. November: DaimlerChrysler trennt sich nach fünf Jahren endgültig vom japanischen Autohersteller Mitsubishi.

14. Februar 2007: Chrysler schreibt rote Zahlen für 2006 in Höhe von 1,1 Mrd.

Euro und teilt mit, im Norden der USA bis zum Jahre 2009 ca. 13.000 Mitarbeiter zu entlassen. Die Produktion Chryslers soll um 400 000 Fahrzeuge gekürzt werden. Bei DaimlerChrysler ist schließlich von einer Trennung von Chrysler die Rede.[165]

Mai 2007: Die Trennung von Daimler und Chrysler wurde endgültig beschlossen. Die Aktionäre entschieden auf der Hauptversammlung mit großer Mehrheit den Verkauf Chryslers und die Umbenennung des Unternehmens von DaimlerChrysler in Daimler AG. Die Trennung wurde am 3. August abgeschlossen[166]

6.3 Phasen der kulturellen Integration

Der kulturelle Entwicklungsprozess der DaimlerChrysler AG kann in vier Phasen unterteilt werden: Euphorie (Herbst 1998), Ernüchterung (Anfang 1999), Koexistenz (1999-2000) und Kompatibilität/Harmonisierung (2001-2003).

6.3.1 Phase der Euphorie

In der Anfangsphase war die Stimmung in den Unternehmen Daimler-Benz und Chrysler durchgehend von Euphorie bestimmt. Die Ursachen für diese Stimmung lagen darin, dass die Unternehmensmitglieder zunächst aufeinander stolz waren. Die Unternehmensmitglieder von Mercedes-Benz beeindruckte insbesondere die Profitabilität und die Größe des Chrysler Unternehmens. Die Unternehmensmitglieder von Chrysler waren dagegen von der Exklusivität und dem Stellenwert bzw. dem Ansehen von Mercedes-Benz fasziniert.[167] Des Weiteren sah man in dem grenzüberschreitenden Zusammenschluss nicht nur intern, sondern auch extern die erste „Welt AG", worauf nach der Aussage von Journalisten selbst das amerikanische Volk schon nach kürzester Zeit stolz war. Des Weiteren war den Unternehmensmitgliedern insbesondere der Aspekt wichtig, dass es sich um zwei gleich „starke" Unternehmen handelte, die zu einem „merger of equals", d.h. „ein Zusammenschluss unter Gleichen", fusionierten. [168]

---

[165] Vgl.: Online im Internet: Das Portal der WirtschaftsWoche, (2007): Chronologie: DaimlerChrysler: Szenen einer turbulenten Autoehe.
[166] Vgl.: Online im Internet: Autowallpaper.de. Alles rund ums Auto: Geschichte von Chrysler.
[167] Vgl. Müller, M., (2007), S.198f
[168] Vgl. Henkel v. Donnersmarck, M./Schatz, R., (2001), S.342

Das von den beiden Unternehmen schließlich nur profitiert werden sollte, wurde den Mitarbeitern durch interne Kommunikationsmaßnahmen vermittelt. Eine frühe Signalwirkung sollte die doppelte Besetzung wichtiger Positionen bewirken, indem man mit dem gemeinsamen Vorstandsvorsitz eine gemeinsame Unternehmenskultur an der Spitze des Unternehmens demonstrieren wollte.[169] Die beiden Unternehmen waren sich einig, dass das gemeinsame unternehmenskulturelle Ziel eine neue vereinigte „DaimlerChrysler-Kultur" war.[170] Trotz der Tatsache, dass es sich um zwei unterschiedliche Unternehmenskulturen handelte, war man zuversichtlich, die Integration der Kulturen erfolgreich durchführen zu können.[171] Für die kulturelle Zusammenführung der beiden Unternehmen wurden am Anfang intern Post-Merger-Integrations-Teams gebildet und Austauschprogramme durchgeführt, indem sie Mitarbeiter beider Unternehmen auf der Arbeitsebene zusammenführten. Weitere Maßnahmen waren der Zugang zu Informationen über die beiden neuen Unternehmen im Intranet. Es wurden spezielle Werbekampagnen mit dem Slogan „Neugier begegnet Neugier" durchgeführt, von denen man ebenfalls eine entsprechende Signalwirkung erwartete. Mit diesen Maßnahmen sollte der Lernprozess in Gang gesetzt werden und nach außen sollte mitgeteilt werden, dass bei DaimlerChrysler mit der kulturellen Integration begonnen wurde.[172]

6.3.2 Phase der Ernüchterung

Anfang 1999 wurden im ersten gemeinsamen Jahr offiziell erste Integrationserfolge gefeiert, jedoch kam es intern nach der Phase der Euphorie anscheinend zu einer tiefgreifenden Enttäuschung und somit zur Phase der Ernüchterung. Die Ursache für diese Ernüchterung lag in der Koexistenz bzw. im Nebeneinanderbestehen der Kulturen. Dieser Stimmungsumschwung erklärte sich dadurch, dass sich die beiden Unternehmen besser kennen gelernt haben und

---

[169] Vgl. Daimler-Benz AG, (1998): Bericht über den Zusammenschluss DaimlerBenz/Chrysler und die Geschäftslage. Außerordentliche Hauptversammlung der Daimler-Benz AG. S. 7
[170] Vgl. DaimlerChrysler AG, (1999): Zusammenschluss des Wachstums. S. 55
[171] Vgl. Daimler-Benz AG, (1998): Bericht über den Zusammenschluss DaimlerBenz/Chrysler und die Geschäftslage. Außerordentliche Hauptversammlung der Daimler-Benz AG. S. 9
[172] Vgl. Müller, M., (2007), S. 200

somit vieles nicht mehr ganz so beeindruckend und überzeugend wie in der Anfangsphase war.

Das Hauptproblem lag in den verschiedenen Produktstrategien bzw. Arbeitsmethoden eines Premium- und eines Massenherstellers, was die Erhaltung des Markenbildes problematisch machte. Gerade bei einer Premiummarke besteht ein hohes Risiko einer „Markenverwischung", da z.B. die Kunden durch gemeinsame Plattformproduktion nicht mehr bereit sind, hohe Preise für Produkte zu bezahlen, deren Technologien auch in kostengünstigeren Fahrzeugen vorhanden sind. Folglich wurde seitens Mercedes-Benz die Chrysler-Marke auch als Gefahr für das eigene Markenimage wahrgenommen. Es wurde somit eingesehen, dass Synergiepotentiale bei weitem schwieriger zu erzielen sind als erhofft und dadurch ein erhöhter Energieaufwand für die Betroffenen entstand, sodass der dargestellte Stimmungsumschwung somit in eine Phase der Ernüchterung führte.[173]

Die kulturelle Integration erwies sich im ersten Jahr auch aufgrund unterschiedlicher Vergütungs- und Anreizsysteme als schwierig. Die amerikanischen Manager bekamen eine zweijährige Einstellungsgarantie und hohe Abfindungssummen in Höhe von insgesamt ca. 100 Mio. US-Dollar im Falle eines früheren Ausscheidens aus dem Unternehmen.[174] Beispielsweise erhielt allein Vorstandsvorsitzender Bob Eaton 41 Mio. DM an Abfindung, 6,3 Mio. DM für die Durchführung der Fusion sowie u.a. 630.000 DaimlerChrysler-Aktien.[175] Diese großzügigen Zahlungen führten dementsprechend bereits im ersten Jahr zu hoher Fluktuation der restlichen amerikanischen Manager. Gründe hierfür sind auch, dass die deutsche Seite mehr oder weniger die Führung übernommen hatte und somit das Management von Chrysler deshalb wegen geringerer Aufstiegsmöglichkeiten einen stärkeren Anreiz hatte, früher aus dem Unternehmen auszuscheiden, um somit ihre Aktienoption gleich im ersten Jahr voll auszuüben. Das amerikanische Management hatte somit auch noch ausreichend Zeit, eine neue rentable Stelle zu suchen und darüber hinaus die hohen Abfindungszahlungen zu kassieren. Dieses unterschiedliche Gehaltsgefüge der beiden Unternehmensteile löste somit Unzufriedenheit seitens des deutschen

[173] Vgl. Müller, M., (2007), S. 200f
[174] Vgl. Bubik, M., (2005), S.86
[175] Vgl. DaimlerChrysler Geschäftsbericht, (1999), S. 93

Managements aus. Aus diesem Grund mussten die deutschen Gehälter, auch um global wettbewerbsfähig zu bleiben, weiter nach oben angeglichen werden.[176] Das angepasste deutsche Gehalt bestand somit aus einem hohen Fixgehalt in der Höhe der vorherigen Gesamtvergütung zuzüglich einem geringeren variablen Bestandteil, der der gängigen Bezahlung in den USA entsprach.[177] Diese Gehaltsanpassung hatte die Folge, dass sogar im Falle eines Scheiterns der Fusion, das Einkommen des deutschen Top-Managements konstant bleibt. Im Falle eines Scheiterns der Fusion herrscht für das Top-Management keine Gefahr, sodass kaum ein Anreiz zu größeren Anstrengungen vorhanden ist.[178]

6.3.3 Phase der Koexistenz

Die Phase der Koexistenz zog sich ca. zwei Jahre lang. Die Gründe für die Phase sind, dass in der Zeit, in der beide Unternehmen profitabel waren, Synergien nicht wahrgenommen wurden. In den Führungsebenen war jeder von seinen jeweiligen Methoden dermaßen überzeugt, dass bei Mercedes-Benz „hochnäsig" auf Chrysler, der keine Premiummarken herstellte, „heruntergeguckt" wurde. Die Profitabiltität beider Unternehmensteile war somit durch ihre je unterschiedlichen Methoden bzw. Strategien ein Grund für die Phase der Koexistenz. Es gab somit keinen direkten Zwang zur Integration und damit auch zu wenig Druck von der Unternehmensleitung, solange Chrysler erfolgreich war. Es waren nicht nur Unterschiede in den Strategien, Strukturen und Prozessen vorhanden, sondern auch in den daraus entstandenen Unternehmenskulturen.[179] Mit der zunehmenden Bewusstwerdung dieser kulturellen Unterschiede entstand eine gewisse Zurückhaltung seitens der Unternehmensleitung, die möglicherweise auf eine klare Überforderung zurückzuführen war, denn um weiterhin profitabel zu bleiben, war es damals erforderlich, dass die vorhandenen Unternehmenskulturen fortbestehen. Im Hinblick auf die notwendige Kulturanpassung hat man somit auch keine geeigneten, vorgefertigten Maßnahmepakete angewendet. Ein anderer Grund für diese Phase ist nach Aussagen von Mitarbeitern, die Doppelbesetzung

---

[176] Vgl. Bubik, M., (2005), S.87
[177] Vgl. Appel, H./Hein, C. (1998), S. 165
[178] Vgl. Bubik, M., (2005), S.87
[179] Vgl. Müller, M., (2007), S. 201f

von Führungs- und Vorstandspositionen, die sich negativ auf die kulturelle Integration einwirkten. Diese Doppelbesetzungen, die auf die Strategie „mergers of equals" zurückzuführen ist, führte unter den Unternehmensmitgliedern zu unklaren Verhältnissen und somit auch zu einer negativen Stimmung im Unternehmen.

Ein weiteres kulturelles Problem der Phase der Koexistenz zeichnete sich dadurch aus, dass die beiden Unternehmensteile nicht gemeinsam, sondern nebeneinander liefen. Dies machte sich durch die Abschottung und Abgrenzung einiger Mitarbeiter bemerkbar, was vor allem den wissensgenerierenden Lernprozess durch eine gemeinsame Arbeit erschwerte. Die beiden Unternehmensteile wurden anscheinend selbstständig und jeweils im eigenen Interesse geführt, was somit einer kulturellen Integration im Weg stand. Ursachen für diese Situation werden dadurch begründet, dass kein starker Einfluss zur kulturellen Integration ausgeübt wurde und der notwendige Druck bzw. Zwang seitens des Managements fehlte, solange das Geschäft gut lief. [180]

In diversen Artikeln aus der Presse behauptete Vorstandsvorsitzender Jürgen Schrempp, die ausgesprochen unterschiedlichen Kulturen von Daimler und Chrysler innerhalb von zwei Jahren vereinen zu können. Doch nach 18 Monaten gab Schrempp unerwartet bekannt, dass die Fusion durchgeführt und jetzt ein Unternehmen sei mit der Begründung, dass es nicht notwendig ist, die beiden Kulturen zusammenzuführen. Man wolle unterschiedliche Unternehmenskulturen, da beide Unternehmensteile nicht viel gemeinsam hätten.[181]

6.3.4 Phase der Kompatibilität & Harmonisierung

Nach dem Ausscheiden des amerikanischen Co-Vorstandsvorsitzenden Robert Eaton Anfang 2000 übernahm Vorstandsvorsitzender Jürgen Schrempp allein die Leitung des Unternehmens in der obersten Führungsebene. Dieser Führungswechsel führte zunächst zu starker Kritik der amerikanischen Presse und heftigen Auseinandersetzungen zum Thema „merger of equals" im Hinblick auf DaimlerChrysler.[182] Die Folge war, dass ab diesem Zeitpunkt DaimlerChrysler

---

[180] Vgl. Müller, M., (2007), S. 201 ff.
[181] Vgl. Büschemann, K.-H., (2000), S. 27
[182] Vgl. Halusa, M., (1999).

von der amerikanischen Presse in erster Linie als ein rein deutsches Unternehmen angesehen wurde.[183] Diese Kritik der Medien hatte nach Aussagen von Chrysler-Mitarbeitern negative Auswirkungen auf die Stimmung im Unternehmen und führte dazu, dass sich die Beziehungen zwischen den Mitarbeitern distanzierten. Hier ist klar erkennbar, dass die Presse die öffentliche Meinung beeinflusst und somit die Atmosphäre und das Klima im Unternehmen negativ beeinträchtigt. Ein stärkeres Problem stellte jedoch die enorm verschlechterte Lage Chryslers auf dem amerikanischen Markt dar. Mögliche Ursachen für die verschlechterte Marktstellung Chryslers waren zum Teil überholte Modellpaletten und beträchtlich hohe Produktionskosten. Den enttäuschten Mitgliedern von Mercedes-Benz wurde klar, dass man die Profitabilität von Chrysler falsch eingeschätzt und somit zu Beginn überbewertet hatte.[184] Die negative Stimmung verstärkte sich, als sich Jürgen Schrempp gegenüber der Financial Times äußerte, dass Daimler-Benz von Beginn an beabsichtigte, Chrysler zu übernehmen und dies nur aus psychologischer Vorgehensweise als „merger of equals" getarnt wurde.[185] Die finanziellen Probleme von Chrysler führten zu einem bedeutenden Wendepunkt in Anbetracht der kulturellen Integration. Angesichts der Profitabilität hat sich bei den damals gleich starken Unternehmen das Gleichgewicht verändert, sodass nun Chrysler als „Verlierer" und Mercedes-Benz als „Gewinner" dastand. Für weiteren Ärger sorgte der Führungswechsel von Chrysler-Chef James Holden durch den deutschen Vorstandsvorsitzenden Dieter Zetsche, unterstützt von Wolfgang Bernhard, womit sich erstmals ein deutsches Führungsduo auf der obersten Führungsebene befand. Nach der Aussage von Befragten habe dies die Chrysler-Mitarbeiter tief getroffen. Doch mit Hilfe unabhängiger Analysten konnte man extern als auch intern wirksam aufzeigen, dass an den vorhandenen Schwierigkeiten nicht die „evil Germans" Schuld waren, sondern vor allem das damalige Chrysler-Management von Bob Eaton und somit konnte man einen Meinungsumschwung herbeiführen.[186] Kaum waren diese Probleme in den USA beseitigt, fingen sie in Deutschland an, da man Schrempp Vorwürfe machte, dass die Chrysler-Mitarbeiter schlechte Arbeit machen, weil er sie nicht ausreichend beaufsichtigte. Für den letzten Kritikpunkt machte das

---

[183] Vgl. Henkel v. Donnersmarck, M./Schatz, R., (2001), S.344
[184] Vgl. Müller, M., (2007), S. 206f
[185] Vgl. Schneider, P., (2001).
[186] Vgl. Müller, M., (2007), S. 209

Management von DaimlerChrysler tatsächlich kulturelle Probleme verantwortlich.
[187] Wie bereits in der Phase der Koexistenz beschrieben, hat man zwei Jahre lang die unterschiedlichen Strategien und Kulturen einfach ignoriert, weil man der Meinung war, dass „die Amerikaner es besser wissen müssen" und hat deshalb nichts unternommen.[188] Diese Strategie wurde solange angewendet, bis Mercedes-Benz als das erfolgreichere Unternehmen, die führende Rolle in der Unternehmensleitung erhielt und somit auch alle weiteren Regeln bestimmte, erst ab diesem Zeitpunkt begann die eigentliche Integration der beiden Unternehmen. Typische Verhaltensweisen und Ansichten von Daimler-Benz wurden nun auch von Chrysler-Mitarbeitern angenommen, was ein Wir-Gefühl im Unternehmen auslöste und somit auch die Bereitschaft der beiden Unternehmensteile, enger zusammenzuarbeiten. Es erfolgte ein Kulturtransfer, d.h. erfolgreiche Kulturbestandteile von Daimler-Benz wurden - insbesondere in der obersten Führungsebene - durch Richtlinien und spezielle Strategien in die Chrysler-Kultur eingeführt, sodass eine „neue" gemeinsame Unternehmenskultur entstand. In den unteren Ebenen wurde diese Kulturveränderung durch das Einsetzen bestimmter Systeme bewirkt, wie beispielsweise durch „quality gates"[189] (Meilensteine im Entwicklungsprozess[190]), die schon seit längerer Zeit bei Daimler-Benz zuverlässig eingesetzt wurden. Durch diese quality gates waren die Mitarbeiter von Chrysler gezwungen, dem Management zu bestimmten Terminen den Stand der Produktentwicklung, die Zielsetzungen, die Kosten usw. genau darzulegen. Dieser für alle Mitarbeiter allgemein gültige, genaue Ablauf erzeugte mehr Disziplin und Zuverlässigkeit bei den Chrysler-Mitarbeitern, wobei Disziplin hier eine Basiskraft der Daimler-Benz-Kultur darstellt, die vermutlich für geordnete und schnelle Abläufe sorgte. Weitere Werte und Normen der Daimler-Benz-Kultur sind „Qualität", „Klarheit und Transparenz", „Dezentralität", „(Eigen-) Verantwortung und Disziplin", die von den Chrysler-Mitgliedern angenommen wurden, wobei bestimmte Bestandteile der Chrysler-Grundkultur jedoch beibehalten werden sollten. Die Klarheit spielte eine wichtige Rolle, denn je klarer und transparenter die Kommunikation und Abläufe sind, umso zügiger

---

[187] Vgl. Schneider, P., (2001).
[188] Vgl. Zitat. ebd.
[189] Vgl.: Müller, M., (2007), S. 210f
[190] Vgl.: Online im Internet: Daimler (2009): Interaktiver Nachhaltigkeitsbericht: Umweltmanagementsystem.

können die Mitarbeiter handeln. Die Chrysler-Mitarbeiter schätzten dabei insbesondere die klare und direkte Sprache des deutschen Managements und dass amerikanische Mitarbeiter auch mal kritisiert wurden, was vorher nicht stattgefunden hat. Die Mitarbeiter von Chrysler waren über diese deutliche Sprache anfangs etwas schockiert und mussten sich erstmal daran gewöhnen. Die neue, vom Management eingeforderte Unternehmenskultur hat die Mitarbeiter somit verändert, sie kommen schneller in ihren Projekten voran, treffen zügiger Entscheidungen und halten Fristen ein. Da diese Werte und Normen vom Top-Management „eingefordert" wurden, um eine Änderung der Kultur zu erreichen, waren Spannungen und Konflikte anfänglich unvermeidbar. Jedoch kann ein Erfahrungs- und Lernprozess dazu führen, dass die fremden Kulturbestandteile als Erfolgskriterien wahrgenommen und somit auch akzeptiert werden, wobei beides bei Chrysler gegen Ende 2001 eingetreten ist. Zusammenfassend kann man sagen, dass es hinsichtlich der kulturellen Entwicklung zu einer Harmonisierung und Kompatibilität kam, als Chrysler in Schwierigkeiten steckte und die Leitung der oberen Führungsebenen an das deutsche Management übergeben wurde.[191]

6.4 Probleme der kulturellen Integration bei DaimlerChrysler

Ein Aspekt, der den kulturellen Integrationsprozess bei DaimlerChrysler erschwerte, war die Strategie der strikten Markentrennung. Diese Strategie führte bei den Mitarbeitern zu einem sehr ausgeprägten Markendenken bzw. zu einer Markenidentität, die die Identifikation mit dem Unternehmen behinderte.

Die Unternehmensteile Chrysler und Mercedes-Benz wurden nach dem Spartenprinzip unabhängig voneinander geführt, mit jeweils getrennten Gewinn- und Verlustverantwortlichkeiten. Dies führte dazu, dass sich die Mitarbeiter unweigerlich nur einer Marke bzw. einem Unternehmensteil verpflichtet fühlten und sich über eine weitere Zusammenarbeit mit dem anderen Unternehmen kaum veranlasst sahen. Durch die überwiegend getrennten Geschäftsprozesse der beiden Business Units ist der Chrysler-Mitarbeiter genauso wie vor dem Zusammenschluss für Chrysler tätig und der Mercedes-Benz-Mitarbeiter für Daimler. Demzufolge verhindert der Stolz auf die „eigene" Marke den

---

[191] Vgl.: Müller, M., (2007), S.212f

gemeinsamen Lernprozess von DaimlerChrysler. Die Probleme wurden dadurch verstärkt, dass die Notwendigkeit einer weiteren Integration ignoriert wurde, da durch die Strategie der Markentrennung eine kulturelle Integration als kontraproduktiv gesehen wird. Die hohe Priorität des Markenbildes hat zur Folge, dass ein gegenseitiger Wissenstransfer kaum möglich ist, da aufgrund der Verhaltensweisen und Einstellungen der Mitarbeiter eine gewisse Abgrenzung bzw. Abschottung entsteht. Als ein weiteres Hindernis der kulturellen Integration wird der geringe Führungskräfte- bzw. Mitarbeiteraustausch gesehen.[192] Nach der Aussage von Vorstandsvorsitzendem Dieter Zetsche erfolgte ein Austausch von ungefähr 30 bis 35 Experten von Mercedes-Benz bei Chrysler und umgekehrt fast dieselbe Anzahl an Chrysler-Mitarbeitern in Deutschland. Dieser geringe Mitarbeiteraustausch führte dazu, dass sich die Mitarbeiter nur im geringen Maße mit dem Unternehmen identifizieren konnten.[193]

6.5 Erfolgsfaktoren der kulturellen Integration bei DaimlerChrysler

Als nächstes werden einige Erfolgsfaktoren sowie Handlungsempfehlungen beschrieben die für die kulturelle Integration bei DaimlerChrysler als hilfreich angesehen werden.

Personeller Austausch und personelle Netzwerke: Durch einen verstärkten personellen Austausch soll die kulturelle Integration erheblich beeinflusst werden, da auf diese Weise ein „DaimlerChrysler-Gefühl" bzw. eine „DaimlerChrysler-Zugehörigkeit" als auch eine stärkere personelle Vernetzung entstehen kann. Diese personelle Vernetzung soll durch Business Units zu übergreifender Zusammenarbeit führen. Diese Maßnahmen stellen den Schlüssel des kulturellen Zusammenwachsens dar, da durch den Kontakt bzw. die Kommunikation von Mitarbeitern, z.B. in gemeinsamen Projekten, eine gemeinsame Unternehmenskultur entstehen kann.

Identifikation mit dem Unternehmen: Ein weiterer wichtiger Aspekt für die kulturelle Integration ist die Entwicklung eines sogenannten „DaimlerChrysler-Bewusstseins" der Mitarbeiter, sodass es zu einer stärkeren Identifikation mit dem

---

[192] Vgl. Müller, M., (2007), S.220 ff.
[193] Vgl. Meck, G./Peitsmeier, H., (2003), S. 38

Gesamtunternehmen kommen kann. Die Grundhaltung der Mitarbeiter sollte durch die Identifikation mit dem Gesamtunternehmen DaimlerChrysler geprägt werden, da dies positive Effekte für das Unternehmen und letztendlich auch für die einzelnen Marken hätte.[194] Das Abschotten und Abgrenzen der Mitarbeiter könnte somit abgebaut werden, sodass eine stärkere und verbesserte Zusammenarbeit zu positiven Ergebnissen führen könnte.[195]

Integrationsfiguren im Topmanagement: Integrationsfiguren können zu positiven Auswirkungen auf den kulturellen Integrationsprozess führen. Nach der Aussage von Mitarbeitern von DaimlerChrysler hat sich insbesondere Chrysler-Chef Dieter Zetsche aufgrund seiner besonderen Verdienste im Rahmen der Integration hervorgehoben. Bestimmte oberste Führungskräfte haben die Fähigkeit, ihre persönlichen Werte durch ihr Vorleben im Unternehmen weiterzuvermitteln. Diese Vermittlung ist umso intensiver, je präsenter und je akzeptierter die Führungskräfte im Unternehmen sind. Die „Präsenz" stellt hier den Zugang der Mitarbeiter zur Integrationsfigur dar. Jedoch bezieht sich diese Präsenz hauptsächlich auf Vorstandsmitglieder, da Führungskräfte aus dem mittleren Management nur für bestimmte Personengruppen aus dem direkten Arbeitsumfeld verantwortlich sind. Dagegen repräsentieren Vorstandsmitglieder den Gesamtkonzern DaimlerChrysler. Ihr Agieren wird von den Mitarbeitern auf breiter Unternehmensebene beobachtet und bewertet.

Die Bereitschaft des Einzelnen zur Integration: Für den Erfolg eines kulturellen Integrationsprozesses ist außerdem die Bereitschaft des einzelnen Mitarbeiters entscheidend. Die Mitarbeiter müssen bereit sein, sich zu verändern, die eigenen Ansichten und Vorurteile zu hinterfragen und sich auf Neues und Fremdes einzulassen. Ist die Bereitschaft des Mitarbeiters zur Integration nicht vorhanden, so sollte die Unternehmensführung entweder gewissen Druck ausüben bzw. sich top-down durchsetzen oder diese Bereitschaft durch eine Erhöhung der Motivation der Mitarbeiter erreichen. Diese Motivation kann entweder durch den Einfluss des Top-Managements oder durch verschiedene Anreizsysteme entstehen.

Einfluss des Top-Managements: Der Einfluss des Top-Managements ist für die kulturelle Integration mitentscheidend. In der Phase der Koexistenz wurde bereits

---

[194] Vgl. Müller, M., (2007), S.224f
[195] Vgl. Müller, M., (2007), S. 225

erläutert, dass zwei koexistierende Unternehmen nur durch Top-down-Vorgaben integriert werden können. Gründe hierfür sind, dass bestehende Beharrungs- und Abgrenzungsentwicklungen nur durch erheblichen Druck durch das Top-Management abgeschafft werden können. [196]

Anreizsysteme und Organisationsstrukturen: Die Bereitschaft der Mitarbeiter zur Integration kann durch entsprechende Anreizsysteme, z.B. Bonussysteme, beeinflusst werden. Diese Top-down-Maßnahmen sind jedoch von der Freiwilligkeit der Mitarbeiter abhängig, z.B. Aufstiegsmöglichkeiten. Zum anderen können veränderte Organisationsstrukturen einen positiven Einfluss auf die Integration bewirken. Die Markentrennung der beiden Unternehmen und die daraus resultierenden unabhängigen business units, führen wiederum zu einer Doppelbesetzung der Managementpositionen. Diese Doppelbesetzungen erschweren erheblich die kulturelle Integration, die jedoch durch bereichsübergreifende zentrale Zuständigkeiten vermieden werden könnten.[197]

7. Fazit

Die theoretischen Grundlagen der Themengebiete Unternehmenskultur und Mergers & Acquisitions wurden zunächst beschrieben und anschließend durch eine Verbindung beider Themenkomplexe, den Zusammenhang der Unternehmenskultur im M&A-Prozess bzw. im kulturellen Integrationsprozess, dargestellt. Es wurde aufgezeigt, dass die Unternehmenskultur einen erheblichen Einfluss auf den M&A-Prozess hat und daher im Entscheidungs- und Entwicklungsprozess berücksichtigt werden muss.

In der Unternehmenspraxis kommt es oft zu einer Vernachlässigung oder Unterschätzung der kulturellen Auswirkungen und der damit verbundenen Integrationsprobleme. Kulturelle Integration erfolgt nicht nach einem festen Ablauf, sondern ist von den beteiligten Unternehmen und ihren Entscheidungen in den einzelnen M&A-Phasen abhängig.[198] Durch M&A kommt es zu einer strukturellen Veränderung, die das Gleichgewicht der Unternehmenskulturen stören, sodass bei dem übernommenen Unternehmen Konflikte ausgelöst werden,

---

[196] Vgl. ebd. S. 226 ff.
[197] Müller, M., (2007), S. 230f
[198] Vgl.: Borowicz, F./ Mittermair, K., (2006), S.276

beispielsweise in Form des Merger-Syndroms. Jedoch kann das Ausmaß und die Dauer dieser Konfliktphase verringert werden, wenn die beteiligten Unternehmenskulturen gleichberechtigt integriert werden. Deshalb ist eine Auseinandersetzung mit den Kulturen der beteiligten Unternehmen von enormer Wichtigkeit, dies kann mit verschiedenen Instrumenten durchgeführt werden. Zu diesen Instrumenten gehört die oftmals vernachlässigte Cultural Due Diligence, bei der durch eine sorgfältige kulturelle Unternehmensprüfung ein mögliches Scheitern des Zusammenschlusses aufgrund nicht identifizierter, kultureller Inkompatibilitäten vermieden werden kann.[199] Anhand der Analyse verschiedener Cultural-Fit-Modelle kann man herausfinden, welche Ausprägungen und Merkmale beim Zusammentreffen zweier Unternehmenskulturen für den M&A-Prozess erfolgversprechend sind und welche nicht, sodass man Erkenntnisse für die Kulturdiagnostik der beteiligten Unternehmen gewinnen kann.[200]

Unternehmenskulturen stehen somit unweigerlich vor, während und nach einem Zusammenschluss vor einer harten Bewährungsprobe. Anhand des Praxisbeispiels konnte man erkennen, dass der Zusammenschluss der DaimlerChrysler AG sich während der Integration in einer solchen Bewährungsprobe befand. Die Probleme, die überwiegend für das Scheitern des Zusammenschlusses verantwortlich gemacht wurden, sind vor allem von finanzieller Natur. Jedoch sind die Kulturunterschiede ein entscheidender Faktor gewesen. Denn die beiden Konzerne waren nicht nur in ihrer historischen Entwicklung und in ihrer Produktionsausrichtung unterschiedlich, sondern besonders auch in ihren Kulturen. Diese unterschiedlichen Kulturen können ein Hindernis darstellen, wenn sie unbeachtet bleiben, jedoch können sie auch als Erfolgsfaktor gesehen werden, was aber bei der kulturellen Zusammenführung von allen Beteiligten enorme Anstrengung erfordert.[201]

Die im sechsten Kapitel dargestellten Phasen des Integrationsprozesses von DaimlerChrysler dienten in dieser Arbeit lediglich zur Veranschaulichung. Die Frage, ob der kulturelle Integrationsprozess letztendlich erfolgreich oder verantwortlich für das Scheitern der Fusion war, bleibt im Rahmen dieser Arbeit offen. Die dargestellten möglichen Erfolgsfaktoren stellten gleichzeitig

---

[199] Vgl.: Stafflage, E., (2005), S.288f
[200] Vgl.: ebd. S. 187
[201] Vgl.: Müller, M., (2007), Geleitwort S.1

Instrumente für eine erfolgreiche kulturelle Integration dar, inwieweit diese Instrumente bzw. Maßnahmen vom Top-Management verwirklicht wurden, bleibt ebenfalls unklar. Zusammenfassend kann man sagen, dass für die Umsetzung bzw. für den Erfolg des kulturellen Integrationsprozesses die **Sensibilisierung** des Top-Managements und der Belegschaft für die Bedeutung der Unternehmenskultur unabdingbar ist. Sensibilisierung beinhaltet dabei die *soziale Verantwortung* der Unternehmen und bedeutet, dass alle an der Transaktion Beteiligen, insbesondere die Unternehmungsführung, *sozial* im Sinne des Gemeinwohls handeln und dabei die Bedürfnisse und die Erwartungen der Unternehmensmitglieder berücksichtigen müssen. Gleichzeitig müssen die beteiligten Unternehmen *Verantwortung* übernehmen, die zustande kommt, wenn andere vom eigenen Handeln betroffen sind und die Konsequenzen des Handelns bzw. Nicht-Handelns ziehen müssen.[202] Abschließend kann man sagen, dass durch einen Zusammenschluss stets eine neue Unternehmenskultur entsteht, von deren Eigenschaften und Inhalten das Überleben eines Unternehmens auf lange Sicht abhängig ist.[203]

---

[202] Vgl.: Vgl.: Müller, M., (2007), S. 362f
[203] Vgl.: ebd., Einführung S.1f

Literaturverzeichnis

Ajiferuke, M./Boddewyn, J. (1970): Culture and other explanatory variables in comparative management studies, in: Academy of Management Journal, 1970.

Althauser, U./Tonscheidt-Göstl, D., (1999): Kultur Due Diligence. Erfolgsfaktor bei Fusionen und Acquisitionen. In: Personalwirtschaft, H. 8.

Appel, H./Hein, C., (1998): Der DaimlerChrysler Deal. Stuttgart.

Balling, R., (1997): Kooperationen-Strategische Allianzen, Netzwerke, Joint Ventures und andere Organisationsformen zwischenbetrieblicher Zusammenarbeit in Theorie und Praxis, Frankfurt am Main.

Balz, U./Arlinghaus, O., (2007): Praxisbuch Mergers & Acquisitions, 2. Aufl., Wien.

Berry, J.W., (1983): Acculturation: A Comparative Analysis of Alternative Forms, in: Samuda, R.J.,/Woods, S.L., (Hrsg.): Perspectives in Immigrant and Minority Education. New York/London.

Blöcher, A., (2004): Cultural Due Diligence: Möglichkeiten und Grenzen der Erfassung und Bewertung von Unternehmenskulturen bei Unternehmenszusammenschlüssen, Aachen.

Bolten, J., (1997): Interkulturelle Wirtschaftskommunikation, in: Walter, R. (Hrsg.), Wirtschaftswissenschaften. Eine Einführung, Schöningh, Paderborn et al. 1997.

Borowicz, F./Mittermair, K., (2006): Strategisches Management von Mergers & Acquisitions, 1. Aufl., Wiesbaden.

Brast, C., (2006): Post-Merger-Integration betrieblicher Forschung und Entwicklung, Wiesbaden.

Breitschuh, J./Wöller, T., (2007): T., Internationales Marketing, Ausgewählte Strategien zur Sicherung von Absatz- und Beschaffungsmärkten, Oldenbourg.

Bubik, M., (2005): Erfolgskriterien für Unternehmenszusammenschlüsse, Frankfurt am Main.

Budzinski, O./Kerber, W., (2003): Megafusionen, Wettbewerb und Globalisierung. Praxis und Perspektiven der Wettbewerbspolitik, Stuttgart.

Bühner, R., (1990): Unternehmenszusammenschlüsse. Ergebnisse empirischer Analysen. Stuttgart.

Buono, A.F./Bowditch, J.L., (1989): The Human Side of Mergers and Acquisitions. Managing Collisions Between People, Culture and Organizations. San Francisco.

Büschemann, K.-H., (2000): Operation DaimlerChrysler. Fusion geglückt, Ergebnis enttäuschend. In: SZ, Nr. 159, 13. Juli 2000.

Cartwright, S./Cooper, C.L., (1992): Mergers and Acquisitions: The Human Factor. Oxford.
Cartwright, S./Cooper, C.L., (1996): Managing Mergers, Acquisitions and Strategic Alliances: Integration People and Cultures. 2. Aufl. Oxford.

Dabui, M., (1998): Postmerger-Management. Ein ressourcenorientierter Ansatz zur zielgerichteten Integration. München.

Daimler-Benz AG (1998): Informationen zum Unternehmenszusammenschluss von Daimler-Benz und Chrysler. Stuttgart.

Daimler-Benz AG, (1998): Bericht über den Zusammenschluss DaimlerBenz/Chrysler und die Geschäftslage. Außerordentliche Hauptversammlung der Daimler-Benz AG. Stuttgart.

DaimlerChrysler (1999): Geschäftsbericht. Stuttgart 2000.

DaimlerChrysler AG, (1999): Zusammenschluss des Wachstums. Geschäftsjahr 1998. Stuttgart.

Dill, P., (1987): Unternehmenskultur: Grundlagen und Anknüpfungen für ein Kulturmanagement, Bonn.

Dill, P./Hügler, G., (1987): Unternehmenskultur und Führung betriebswirtschaftlicher Organisationen, in: Heinen, E., (Hrsg.), Unternehmenskultur, München/Wien.

El-Aridi, M., (2007): Mergers & Acquisitions, Ganzheitliches organisatorisch-kulturelles Integrationsmanagement zwischen strategischem Anspruch und Implementierungsrealität. Hamburg.

Feichtinger, C., (1998): Individuelle Wertorientierung und Kulturstandards im Ausland: Theorie, Empirie und Anwendung bei der Auslandsentsendung von Managern, Dissertation, Peter Lang, Frankfurt/Main et al. 1998.

Forschungsinstitut für Rationalisierung (1999): Charakterisierung von Unternehmenskooperationen und –vereinigungen, Morphologisches Merkmalsschemata, Sonderdruck 15/97, 3. Aufl., Aachen.

Gerpott, T.J., (1993): Integrationsgestaltung und Erfolg von Unternehmensakquisitionen, Stuttgart.

Grube, A./Töpfer, A., (2002): Post Merger Integration. Erfolgsfaktoren für das Zusammenwachsen von Unternehmen. Stuttgart.

Grube, R., (2003): Globalisierungsstrategie bei DaimlerChrysler. In: Ringlstetter, Max J./Henzler, Herbert A./Mirow, Michael (Hrsg.): Perspektiven der Strategischen Unternehmensführung. Theorien – Konzepte – Anwendungen. 1.Aufl., Wiesbaden.

Gut-Villa, C., (1997): Human Ressource Management bei Mergers & Acquisitions. Stuttgart.

Halusa, M., (1999): Fusionstaumel bei DC ist verflogen. Amerikanische Manager beklagen deutsche Dominanz – Aktie aus dem US-Index Standard & Poors 500 aussortiert. In: Die Welt, 27. März 1999.
Haspeslagh, P.C./Jemison, D.B., (1991): Managing Acquisitions. Creating Value Through Corporate Renewal. New York.

Haspeslagh, P.C./Jemison, D.B., (1992): Akquisitionsmanagement: Wertschöpfung durch strategische Neuausrichtung des Unternehmens, Frankfurt am Main.

Henkel v. Donnersmarck, M./Schatz, R., (2001): Fusionen: Gestalten und kommunizieren. 4.Aufl., Bonn.

Jansen, S.A., (2001): Mergers & Acquisitions, Wiesbaden.

Jansen, St. A., (2001): Mergers & Acquisitions. Unternehmensakquisitionen und -kooperationen, Wiesbaden.

Jansen, St. A., (2004): Management von Unternehmenszusammenschlüssen. Theorien, Thesen, Tests und Tools. Stuttgart.

Jung, T., (2001): Post Merger Identity. In: Personal: Zeitschrift für Human Ressource Management, H. 5.

Kappler E./Wegmann, M., (1985): Konstitutive Entscheidungen, in: Heinen, E., (Hrsg.), Industriebetriebslehre, 8. Aufl., Wiesbaden.

Kleinfeld, A., (2000): Mergers & Acquisitions-eine Frage der Kultur, in: Information Management & Controlling, 15/2000.

Kluckhohn, F.R./Strodtbeck, F.L. (1961): Variations in value orientations, Evanston.
Krystek, U./Zur, E., (2002): Unternehmenskultur, Strategie und Akquisition. In: Krystek, U./Zur, E., (Hrsg.): Handbuch Internationalisierung. 2. Aufl., Berlin.

Lauritzen, S., (2000): IT-Integration nach Mergers & Acquisitions, in: Information Management & Consulting, 15/2000.

Lohninger, H., (2001): Mergers & Acquisitions: Kooperationsbereitschaft – Die Bedingungen im Post-Merger-Integrationsprozess.

Lucks, K./Meckl, R., (2002): Internationale Merger & Acquisitions. Der prozessorientierte Ansatz. Berlin.

Marks, M.L./Mirvis, P.H., (1992): Merger Syndrom: Stress and Uncertainity. Mergers and Acquisitions.

Meck, G./Peitsmeier, H., (2003): „Wir sind die amerikanischsten der Amerikaner". In: Frankfurter Allgemeine Sonntagszeitung, Nr. 19, 11. Mai 2003.

Meier, A./Spang, S., (2000): Merger Readiness als Erfolgsfaktor in der New Economy.

Middelmann, U., (2000): Organisation von Akquisitionsprojekten, In: Picot et al.

Mitchel, D., (1989): The Importance of Speed in Post-Merger Reorganization, in: M&A Europe. 1/3.
Möller, W.-P., (1983): Der Erfolg von Unternehmenszusammenschlüssen. Eine empirische Untersuchung. München.

Müller, M., (2007): Die Identifikation kultureller Erfolgsfaktoren bei grenzüberschreitenden Fusionen. Eine Analyse am Beispiel der DaimlerChrysler AG. Wiesbaden.

Müller-Stevens, G., (1991): Personalwirtschaftliche und organisationstheoretische Problemfelder bei Mergers & Acquisitions, in: Ackermann, K.-F./Scholz, H., (Hrsg.), Personalmanagement für die 90er Jahre, Stuttgart.

Nahavandi, A./Malekzadeh, A., (1993): Organizational Culture in the Management of Mergers, London.

Nahavandi, A./Malekzadeh, A.R., (1988): Acculturation in Mergers and Acquisitions, in: Academy of Management Review, 13/1.

Paprottka, S., (1996): Unternehmenszusammenschlüsse, Synergiepotentiale und ihre Umsetzungsmöglichkeiten durch Integration. Wiesbaden.

Pausenberger, E., (1989): Zur Systematik von Unternehmenszusammenschlüssen, in: Das Wirtschaftsstudium, 18.Jg., Heft 11.

Peters, T. J. / Waterman, R. H., (2003): Auf der Suche nach Spitzenleistungen. Was man von den bestgeführten US-Unternehmen lernen kann. Deutsche Ausgabe. München. In: Das Parlament, Nährlich, S., Online im Internet: URL: http://www.das-parlament.de/2008/31/Beilage /005.html, (09.03.09)

Picot, A./Reichwald R./Wigand R., (2003): Die grenzenlose Unternehmung, Information, Organisation und Management, 5.Aufl., Wiesbaden.

Picot, G., (1999): Mergers & Acquisitions optimal managen, in: Handelsblatt, 06./07.08.1999, S. K 3.

.

Picot, G., (2000): Wirtschaftliche und Wirtschaftsrechtliche Parameter bei der Planung von Mergers & Acquisitions, in: Picot, G. (Hrsg.): Handbuch Mergers & Acquisitions. Planung, Durchführung, Integration, Stuttgart.

Picot, G., (2000): Handbuch Mergers & Acquisitions. Planung, Durchführung, Integration. Stuttgart

Picot, G., (2005): Handbuch Mergers & Acquisitions. Planung, Durchführung, Integration. Stuttgart.

Picot, G., (2008): Handbuch Mergers & Acquisitions. Planung, Durchführung, Integration. Stuttgart.

Pribilla, P., (2002): Personelle und kulturelle Integration. In: Picot, G., (Hrsg.): Handbuch Mergers & Acquisitions. Planung, Durchführung, Integration. Verf. Von Helmut B., 2. Aufl., Stuttgart.
Rohloff, S., (1994): Die Unternehmenskultur im Rahmen von Unternehmenszusammenschlüssen. Köln.

Rohloff, S., (1994): Die Unternehmenskultur im Rahmen von Unternehmenszusammenschlüssen. Köln.

Sackmann, S., (2002): Unternehmenskultur: Analysieren, Entwickeln, Verändern. Neuwied; Kriftel.

Sathe, V., (1985): Culture and Related Corporate Realities. Homewood, III.

Schawel, C., (2002): Kulturelles Schnittstellenmanagement in der Pre-Merger-Phase. Eine empirische Analyse. Mehring.

Schein, E.H., (1995): Unternehmenskultur. Original: Organizational Culture and Leadership, San Francisco, London 1992.

Schneider, P., (2001): Sieg der Sterne. In: Die Zeit, Nr. 36.

Scholz, C., (1988): Organisationskultur, in: ZfbF, 40.Jg.

Schreyögg, G., (1988): Unternehmenskultur und Innovation, in: Personal, 41.Jg.

Schreyögg, G., (1989): Zu den problematischen Konsequenzen starker Unternehmenskulturen, in: Schmalenbachs Zeitschrift für betriebwirtschaftliche Forschung.

Schreyögg, G./Dabitz, R., (1996): Unternehmenskultur analysieren lernen. Bericht über den Einsatz von Spielfilmen in der Seminararbeit. Diskussionsbeitrag.

Schwarz, C., (2004): Erfolgsfaktoren im Post-Merger Management: Zielorientierte Unternehmensintegration nach M&A mittels Integrationsscorecard. Berlin. (Sekundärliteratur).

Simon, H., (1999): Kollision der Kulturen. In: Manager Magazin. Juni 1999.

Stafflage, E., (2005): Unternehmenskultur als erfolgsentscheidender Faktor. Modell zur Zusammenführung bei grenzüberschreitenden Mergers & Acquisitions. 1.Aufl., Wiesbaden.

Steinmann, H., Schreyögg, G., (2000): Management, 5.Aufl., Wiesbaden.

Steinöcker, R., (1993): Akquisitionscontrolling, Berlin/Bonn u.a.

Strohmer, M., (2001): Integration nach Merger und Acquisition: Erfolgskonzeption für das Post Deal Management, 1. Aufl, Wiesbaden.

United Nations (2000): World Investment Report (WIR), New York.

Vahs, D., (1997): Organisationskultur und Unternehmenswandel. In: Personal: Zeitschrift für Human Ressource Management, H. 9.
Van Maanen, J./Schein, E.H. (1979): Toward a theory of organizational socialization, in: Cummings, L.L./Staw, B.M. (Hrsg.), Research in organizational behaviour 1, Greenwich 1979.

Vlasic, B./Stertz, B.A, (2000): Taken for a ride: How Daimler-Benz drove off with Chrysler. 1.ed., Morrow.

Vogel, D.H., (2002): M&A Ideal und Wirklichkeit, 1. Aufl., Wiesbaden,

Wilkins, A. /Ouchi, W., (1983): Effizient cultures – Exploring the relationship between culture and economic performance, in: ASC, 28.Jg., 1983.

Wirtgen, J., (2001): Post-Merger-Management. In: Wirtschaftspsychologie, H. 1.

Wirtz, B., (2003): Mergers & Acquisitions Management, 1.Aufl.

Wirtz, B., (2003): Mergers & Acquisitions Management, 1.Aufl., Wiesbaden.

Wöhe, G., (2002): Einführung in die allgemeine Betriebswirtschaftslehre. München.

Internet-Quellen

Rosenstiel, L., (2005): Unternehmenskultur,
Online in Internet: URL: http://www.aodgps.de/alt/ unternehmens- kultur.html,
(10.03.09)
Internetseite ist nicht mehr gültig.

Deutsch-Englisch Wörterbuch:
Online in Internet: URL: http://www.dict.cc/englisch-deutsch
/esprit+de+corps.html, (10.03.09)

Nährlich, S., (2008): Das Parlament. Euphorie des Aufbruchs und Suche
nach gesellschaftlicher Wirkung.
Online im Internet: URL: http://www.das-
parlament.de/2008/31/Beilage/005.html, (09.03.09)

Breitfuß, G., (2001): Theorie der integrativen Supervision. Organisationskultur
Online im Internet: URL:
http://www.supervisionstheorie.lichten.at/organisationskultur.htm, (12.03.09)

Pörschmann, J.: Proventis.Was macht Fusionen erfolgreich.
Online im Internet: URL:
http://www.proventis.de/attachments/090_090101%20Post%20
Merger%20Integration%20%5BProventis%20Whitepaper%5D.pdf, (10.05.09)

Bruche, G., Herr, H., (2008): Post-Merger Integration in der Logistik - Vom
Erfolg und Misserfolg bei der Zusammenführung von Logistikeinheiten in der
Praxis,
Online im Internet: URL: http://www.mba-
berlin.de/fileadmin/doc/Working_Paper/working_paper_34.pdf, (10.05.09)

Bachmann, H., (2008): Post-Merger-Integration von Logistikunternehmen,
Dissertation
Online im Internet: URL:
http://www.unisg.ch/www/edis.nsf/wwwDisplayIdentifier/
3493/$FILE/dis3493.pdf, (11.05.09)

Finance Integration als Teil der Unternehmensintegration
Online im Internet: URL: http://www.wiley-
vch.de/books/sample/3527503412_c01.pdf, (11.05.09)

Salzgeber, R.,(2001): Erfolgsfaktoren des Projektmanagements bei der
Durchführung von Fusionen in der Bundesverwaltung. Lizentiatsarbeit.
Online im Internet: URL: http://www.iop.unibe.ch/lehre/lizentiatsarbeiten/Liz-
Salzgeber-R%C3%A9anne.pdf, (12.05.09)

Köschig, M., (2005): Chancen und Risiken von Fusionen auf dem Hintergrund der Situation im Bistrum Magdeburg. Theoriearbeit.
Online im Internet: URL: http://www.bistum-magdeburg.de/img/2005/05_chancen-risiken-fusionen.pdf, (18.05.09)

Das Portal der WirtschaftsWoche, (2007): Chronologie: DaimlerChrysler: Szenen einer turbulenten Autoehe.
Online im Internet: URL: http://www.wiwo.de/unternehmer-maerkte/daimlerchrysler-szenen-einer-turbulenten-autoehe-237641/, (18.05.09)

Autowallpaper.de. Alles rund ums Auto: Geschichte von Chrysler.
Online im Internet: URL:
http://www.autowallpaper.de/Wallpaper/Chrysler/Geschichte-Chrysler.htm ,
(24.05.09)

Daimler (2009): Interaktiver Nachhaltigkeitsbericht: Umweltmanagementsystem
Online im Internet: URL:
http://nachhaltigkeit2009.daimler.com/reports/daimler/annual/2009/nb/German/3040/umweltmanagementsystem.html, (23.05.09)

Schanne, S., (2002): Gestaltung der kulturellen Integration bei Unternehmenszusammenschlüssen aus strukturationstheoretischer Perspektive
Online im Internet: URL: http://archiv.ub.uni-heidelberg.de/volltextserver/volltexte/2007/7843/pdf/Magisterarbeit_Sita_Schanne.pdf (02.06.09)

Abbildungsverzeichnis